Vergnügliches Eßbrevier

Vergnügliches Eßbrevier

Kochen und Essen
in Sprichwörtern und
Lebensweisheiten

Zusammengestellt von Roland Gööck

Weltbild Verlag

Gestaltung: Barbara Fischer

Lizenzausgabe für
Weltbild Verlag GmbH, Augsburg 1990

Gesamtherstellung: Wiener Verlag, Himberg bei Wien

Printed in Austria
ISBN 3-89350-269-6

Abwechslung stärkt den Appetit

Kochbücher gibt es wie Sand am Meer. Doch wo kann man nachlesen, was kluge Leute über das Kochen und Essen herausgefunden haben, was sich in Form von Sprichwörtern, Redensarten und Bauernregeln über die Jahrhunderte erhalten hat?
Wer in der Literatur der Sprichwörter und Lebensweisheiten, der Aphorismen und Sentenzen aller Zeiten und Völker nachgräbt, kommt zu erstaunlichen Ergebnissen. Sie wurden in diesem Bändchen erstmals in dieser Vollständigkeit und Vielseitigkeit zusammengestellt – nach dem (chinesischen) Motto: „Eine zehntausend Klafter tiefe Grube kann man füllen, doch nicht das Loch unter der Nase.“ Das Thema bleibt deshalb stets aktuell, und wer es einmal von einer ganz anderen als der üblichen Seite betrachten möchte, wird im „Vergnüglichen Eßbrevier“ reichhaltigen Stoff finden – weit mehr als tausend Sprüche und Aussprüche über Kochen und Essen, Hungern und Prassen, Köche und Küchen, Feinschmecker und Kostverächter, Partygänger und Hausgäste, über Fleisch und Fisch, Gemüse und Obst, Suppen und Saucen und über alle anderen Sachgebiete der Koch- und Eßkunst, mit Bekanntem und Unbekanntem, Amüsanten und Kuriosem, Freundlichem und Bissigem in Fülle. Dazu kann man nur guten Appetit wünschen.

ROLAND GÖÖCK

VON DER WEISHEIT DES ESSENS

Wenn's am besten schmeckt,
soll man aufhören

DEUTSCH

Wir leben nicht, um zu essen, wir essen,
um zu leben. SOKRATES

Leichte Speisen wählen die Weisen. NIEDERLÄNDISCH

Das schmeckt, sagte der Floh, da saß er einem Mädchen
über dem Knie. DEUTSCH

Der Bauer tüchtig zu essen weiß, dem Edelmann gebührt
im Trinken der Preis. POLNISCH

Was angenehm dem Mund,
ist nicht immer gesund. DEUTSCH

Wer früh aufsteht, sein Gut verzehrt, wer lange schläft,
den Gott ernährt. DEUTSCH

Der Appetit reguliert nicht die Tageszeit. AMERIKANISCH

Wenn der Mund nicht essen müßte,
würde das Haupt Gold tragen. JÜDISCH

Der wird spät satt,
der sich von einem andern füttern läßt. DEUTSCH

Wer seinen Appetit betrügt,
vermeidet Schulden. CHINESISCH

Ein Mensch beim Essen ist ein gut Gesicht,
wenn er nichts denkt und nur die Kiefer mahlen,
die Zähne malmen und die Blicke strahlen
von einem sonderbaren Urweltlicht. CARL ZUCKMAYER

Wer ißt, zerbeißt seinen Kummer. DEUTSCH

Essen ist ein Bedürfnis des Magens,
Trinken ein Bedürfnis des Geistes. CLAUDE TILLIER

Essen ist besser als Trinken für jemand unter vierzig; danach gilt die umgekehrte Regel. TALMUD

Nach dem Essen sollst du stehn,
oder tausend Schritte gehn. J. B. SCHUPPIUS

Der Appetit kommt beim Essen. FRANÇOIS RABELAIS

Das Essen, nicht das Trinken,
bracht' uns ums Paradies. WILHELM MÜLLER

Essen nimmt, Trinken gibt Enthusiasmus. JEAN PAUL

Wagt's mit meiner Kunst, ihr Esser,
morgen schmeckt es euch schon besser
und schon übermorgen gut.
Wollt ihr dann noch mehr?
So machen meine alten Siebensachen
mir zu neuen sieben Mut. FRIEDRICH NIETZSCHE

Abwechslung stärkt den Appetit. DEUTSCH

Iß, was gar ist, trink, was klar ist, sprich, was wahr ist, zahl, was bar ist. DEUTSCH

Der Mensch ist, was er ißt. LUDWIG FEUERBACH

Essen und nicht getrunken, ist gesunken, Trinken ohne Essen, ist zwischen zwei Stühlen gesessen. DEUTSCH

Treibe bei der Arbeit, aber nicht beim Essen. CHINESISCH

Zum Essen und zum Beten
soll man niemand nötigen. BAYERISCH

Heirate, und es wird dir eine Woche lang gut gehen; schlachte ein Schwein, und es wird dir einen Monat lang gut gehen; werde Geistlicher, und es wird dir ein Leben lang gut gehen. POLNISCH

Soll das Essen dir gedeihn,
mußt du heiter dabei sein. DEUTSCH

Man muß mehr für seine
Gesundheit lassen als tun. DEUTSCH

Was wir teuer bezahlen müssen, halten wir für Leckerbissen. DEUTSCH

Wenn ihr gegessen und getrunken habt, seid ihr wie neu geboren; seid stärker, mutiger, geschickter zu eurem Geschäft. J. W. VON GOETHE

Ein Bissen, der nährt,
ist hundert andre wert. ZIGEUNER-SPRICHWORT

Doppelt, heißt es, sei der Appetit der Frauen,
vierfach ihr Verstand, sechsfach ihre Unbesonnenheit
und achtfach ihre Liebeslust. INDISCH

Enhaltsamkeit ist das Vergnügen an Dingen, welche wir nicht kriegen. WILHELM BUSCH

Der Dicke kümmert sich nicht darum, wer seinetwegen dünn geblieben ist. BRANA CRNČEVIĆ

Oftmalen bringt ein harter Brocken des Mahles Freude sehr ins Stocken. WILHELM BUSCH

Feinschmeckerei ist ein Akt unserer Urteilskraft:
was angenehm schmeckt,
das wählen wir. ANTHELME BRILLAT-SAVARIN

Denke erst ans Essen, dann an die Kleidung. CHINESISCH

Nichts ist ungesünder, als allein zu speisen, seinem bloßen werten Ich gegenüber zu sitzen und dabei zu lesen oder gar zu denken. KARL JULIUS WEBER

Sechs Vorzüge werden dem zuteil, der mäßig im Essen ist: Gesundheit, langes Leben, Kraft und Freude; auch hat er gesunde Kinder und man schimpft ihn nicht einen Fresser. INDISCH

Je weniger einer braucht, desto mehr nähert er sich den Göttern, die nichts brauchen. SOKRATES

Nach dem Essen dreihundert Schritt – und du brauchst keine Apotheke. CHINESISCH

Ich bin fest davon überzeugt, daß Verdauung das große Geheimnis des Lebens ist und unser Charakter, unser Talent, unsere Tugenden und sonstigen guten Eigenschaften ständig von Rindfleisch, Hammelbraten, Pastetenkrusten und fetten Suppen beeinflußt werden. SYDNEY SMITH

Essen statt zu trinken,
heißt sein eigenes Blut verzehren. DEUTSCH

Die Augen sind groß, der Magen ist klein. CHINESISCH

Leut, eßt's und trinkt's nur, was euch schmeckt,
schon zweimal ist uns 's Geld verreckt. BAYERISCH

Maßvoll zu sein im Essen bringt sechsfachen Vorteil: man bleibt gesund, lebt lange, ist stets kräftig, fühlt sich wohl, hat prächtige Kinder und wird von den anderen nicht Vielfraß geschmäht. INDISCH

Argwohn ißt mit dem Teufel
aus einer Schüssel. DEUTSCH

Die Engländer haben die Tischreden erfunden,
damit man ihr Essen vergißt. PIERRE DANINOS

In den jungen Ehen von heute haben Mann und Frau das selbe Verlangen: beide sehnen sich nach der Küche der Mutter. RALPH BOLLER

Je älter der Mensch wird, desto mehr lebt er von dem,
was er nicht ißt. WILLY BIRGEL

Früher hat ein Mann eine Frau bekommen, die kochen konnte wie seine Mutter. Jetzt bekommt er eine Frau, die trinken kann wie sein Vater. NEW YORK POST

Wer von der Hoffnung lebt,
wird wenigstens nicht dick. TILLA DURIEUX

Liaber beim Essa s' Maul
verbrenna als anderswo. SCHWÄBISCH

Ein Teil des Geheimnisses des Erfolges im Leben besteht daraus, zu essen, was man mag, und es im Innern des Körpers ausfechten zu lassen. MARK TWAIN

Viel essa isch koi Konst, aber viel schaffa. SCHWÄBISCH

Iß warm und trinke kalt,
dann wirst du hundert Jahre alt. ÖSTERREICHISCH

Arbeite wie ein Sklave und iß wie ein Lord. ALBANISCH

Wenn viele Arbeiten zu machen sind, beginnt man am besten mit dem Essen. SÜDAFRIKANISCH

Iß nicht soviel, wie du kannst, gib nicht soviel, wie du hast, sag' nicht soviel, wie du weißt. DEUTSCH

Wehe dem, der da meint, Essen und Trinken seien Dinge, um die sich ein geistiger Mensch nicht zu kümmern braucht. EUGEN VAN VAERST

Vor dem Essen hängt man's Maul,
nach dem Essen ist man faul. DEUTSCH

Ein leerer Bauch wagt mehr als ein voller Kopf. DEUTSCH

Sechs Dinge gibt es, die unsere Lebensgeister gleich wieder wecken: frisches Fleisch, neuer Reis, ein junges Weib, Milch, Schmelzbutter und heißes Wasser. INDISCH

Was man erspart am Mund,
das frißt zuletzt der Hund. DEUTSCH

Wenn heutzutage eine Frau dir sagt, sie werde dich mit einer guten Mahlzeit überraschen, dann heißt es, sie hat ein neues Restaurant entdeckt. JOHN OLDEN

Essen ist etwas Großartiges, herrlicher aber noch ist der Liebesgenuß; essen müssen wir, ob so oder so,
aber ein Leben ohne wirklichen Liebesgenuß wäre armselig. INDISCH

Wozu weibliche Unvernunft imstande ist, hat sich schon an der Idee erwiesen, sich von einer sprechenden Schlange Diätvorschriften geben zu lassen. ORSON WELLES

Wenig, aber öfters essen, führt zur Heilung. CHINESISCH

Wenn ein Mann auch vielleicht kein Herz hat, so hat er doch bestimmt einen Magen. MONGOLISCH

Ein barmherziger Mann tut seinem Leibe Gutes. PASCAL

Wer gut kann essen und gut winden,
braucht den Ärzten nichts einzubinden. DEUTSCH

Der Verstand sitzt im Hirn, der Mut im Herzen
und die Liebe in der Leber. GALENOS VON PERGAMON

Nur Dummköpfe sind
keine Feinschmecker. GUY DE MAUPASSANT

Wer zeitig essen will, stehe zeitig auf. CHINESISCH

Ein Schwabe hat kein Herz,
aber zwei Mägen. SCHWÄBISCH

Diät ist Arbeitslosenunterstützung
für den Bauch. WOLFRAM WEIDNER

Was der Bauer nicht kennt, das frißt er nicht. Würde der Städter kennen, was er frißt – er würde umgehend Bauer werden. OLIVER HASSENCAMP

Esset ond saufet zua, in fuffzig Jahr isch koi Arschbacke meh von ons do. SCHWÄBISCH

Wer an Duapf baan Feuer houd,
derf niad weid spaziern göih. OBERPFÄLZISCH

Einfache Genüsse sind die letzte Zuflucht
der Komplizierten. OSCAR WILDE

Der Geist bringt Sterblichen die Liebe,
der Magen aber bringt das Glück. DORAT

Im Essen bist du schnell, im Gehen bist du faul,
iß mit den Füßen, Freund,
und nimm zum Gehn das Maul. G.E.LESSING

„Muß" ist ein Teufelsfressen. ZIGEUNER-SPRICHWORT

Ein makelloses Privatleben kann ein schlechtes Essen und billige Weine nicht wettmachen. OSCAR WILDE

Gut essen ist praktische Agrarpolitik. HERMANN HÖCHERL

Was ist denn Patriotismus anderes,
als die Liebe zu den guten Sachen,
die wir in der Kindheit gegessen haben? LIN YUTANG

Iß, was dir gefällt, doch kleide dich,
wie es den Leuten gefällt. ZIGEUNER-SPRICHWORT

Ehemänner, die sich freiwillig an der Abmagerungskur ihrer Frau beteiligen, gehen mit ihr wirklich durch dick und dünn. HEINZ RÜHMANN

Es gibt nur einen Weg, schlank zu bleiben:
Essen Sie soviel Sie wollen von allem,
was Sie nicht mögen. ALEC GUINESS

Die eine gute Diät han,
stößt die Pest am ersten an. DEUTSCH

Viele werden Heilige um ihres Magens willen. INDISCH

Der Engländer hat seine Intelligenz an seinen Fingerspitzen, der Franzose an der Spitze seiner Zunge. RUSSISCH

Beim Essen kommt der Appetit,
beim Lernen die Dummheit. CHINESISCH

Wer schläft, spart die Mahlzeit. DEUTSCH

Denn früh belehrt ihn die Erfahrung,
sobald er schrie, bekam er Nahrung. WILHELM BUSCH

Jedes Land hat seine Sitten,
jeder Bauch sein Maß. DEUTSCH

Mein Magen hat wenig Sinn
für Unsterblichkeit. HEINRICH HEINE

Die Gaumen sind gar verschieden, und allen recht tun, ist sehr schwer; und was den einen stellt zufrieden, darüber zürnt der andere sehr. DEUTSCH

Verdauung: Die Umwandlung von Lebensmitteln in Tugenden. Ist der Vorgang gestört, so werden statt dessen Laster entwickelt. AMBROSE BIERCE

Schlankheit gefällt wegen des besseren
Anschlusses im Beischlaf und
der Mannigfaltigkeit der Bewegung. J. CHR. LICHTENBERG

Nahrung ist eindrucksfähiger als Bildung,
ein Magen bildsamer als ein Kopf. KARL KRAUS

Zusätze verlängern die Haltbarkeit
der Nahrungsmittel. Hoffentlich verkürzen sie nicht
die der Verbraucher. OLIVER HASSENCAMP

Mäßigkeit ist Liebe zur Gesundheit oder Unfähigkeit, viel zu essen. LA ROCHEFOUCAULD

Auch Kochbücher sollten
der Zensur unterliegen. STANISLAW JERZY LEC

Zum Essen gehört oft mehr Verstand
als zum Lieben. RUDOLF ROLFS

Wie der Brocken ist,
so muß man den Mund öffnen. NIEDERLÄNDISCH

Eine kurze Enthaltsamkeit ist schwerer
als eine lange. JEAN PAUL

Ein guter Bissen schmeckt jeder Schnauze. DEUTSCH

Der Dicke wehrt sich gegen die
Abwertung des Pfundes. GERHARD UHLENBRUCK

Manchmal werden die Gäste auf Diät gesetzt, wenn der Koch einen Leberschaden hat. WIESLAW BRUDZIŃSKI

Die Gesellschaft besteht aus zwei großen Klassen: die einen haben mehr Essen als Appetit, die andern mehr Appetit als Essen. CHAMFORT

Vitamine: kleine, bekömmliche Tiere,
die am Salat entlangklettern. SCHÜLER-DEFINITION

Auch Kannibalen sind heutzutage umweltbewußt.
Zum Beispiel ißt man keine Amerikaner mehr –
wegen der vielen schädlichen Chemikalien,
die sie enthalten. TED HENDERSON

Sollte ein Politiker erfahren, daß es unter den Wählern Kannibalen gäbe, würde er nicht zögern, ihnen Missionare für den Sonntagstisch zu versprechen. H. L. MENCKEN

Man muß essen, und wenn auch der Galgen
vor der Tür stünde. DEUTSCH

Eine zehntausend Klafter tiefe Grube kann man füllen, doch nicht das Loch unter der Nase. CHINESISCH

VOM HUNGERN UND VOM FASTEN

Der Hunger ist der beste Koch,
aber er hat nichts zu essen.

FREIDANK

Ein hungriger Mann ist
kein freier Mann. ADLAI E. STEVENSON

Wer drei Tage nichts gegessen hat,
schreckt vor nichts zurück. CHINESISCH

Der Hungrige ißt sogar Heuschreckenbeine. ARABISCH

Den Hunger zu stillen, kostet nicht viel, aber sich den Magen zu verderben, braucht man viel Geld. DEUTSCH

Wenn der Hunger den Igel drängt, gäb' er sein Stachelfell hin für eine Mohrrübe. ÄTHIOPISCH

Hunger ist eine schwere Krankheit;
aber es ist eine noch schwerere,
essen sehen und nichts bekommen. POLNISCH

Bist du sehr ärgerlich, so geh nicht zum Gericht;
bist du sehr hungrig, so mach keine Verse. CHINESISCH

Hunger wandelt Bohnen in Mandeln. ITALIENISCH

Das Lächeln auf dem Gesicht eines Hungrigen
ist eine Lüge. POLNISCH

Mit der Peitsche treibt man
den Hunger nicht aus. DEUTSCH

Hunger macht saure Bohnen süß. DEUTSCH

Nichts ist unbändiger doch, denn die Wut
des leidigen Magens, der an seinen Bedarf
mit Gewalt jedweden erinnert. HOMER

Armut und Hunger verursachen mir die ärgsten Gewissensbisse! – Ich möchte lieber ein Dieb als ein Schnorrer, lieber ein Mörder als ein Sklave sein. – Ich hasse Armut und Sklaverei mehr als jedes andere Verbrechen. G. B. SHAW

Der Hunger rafft weniger dahin als der Fraß. DEUTSCH

Der Hunger ist die Dienerin des Genies. MARK TWAIN

Wenn das Jahr viele Schwämme bringt, der Landmann mit dem Hunger ringt. BAUERNREGEL

Wer satt und warm lebt, denkt an Wollust.
Wer hungert und friert, denkt ans Stehlen. CHINESISCH

Der Hunger würzt die geringe Mahlzeit.
Müdigkeit schnarcht auf dem Stein, und Trägheit
findet hart das Daunenbett. WILLIAM SHAKESPEARE

Du schaffst, Natur, im Überflusse Brot;
ihr Menschen nur schafft Hungersnot. J. C. F. HAUG

Hunger lehrt Eierkoken eeten. WESTPREUSSISCH

Hunger über Hunger hat dem Schmarotzer ein Vermögen eingebracht. ZIGEUNER-SPRICHWORT

Hunger ißt sich durch alles
außer einem Suffolker Käse. ENGLISCH

Einem Hungrigen scheint selbst
ein Büffelhorn weich zu sein. CHINESISCH

Ein scharfes Essen stillt dreifachen Hunger. CHINESISCH

Ein hungriger Magen ist die Betglocke
des Teufels. ZIGEUNER-SPRICHWORT

Man lernt Lehm essen,
ehe man Hungers stirbt. LETTISCH

Hunger macht harte Bohnen süß. DEUTSCH

Lieber laß den Magen hungern,
aber wahre das Gesicht. CHINESISCH

Abmagerungskur: Bäuchelmord. RAIMUND VIDRÁNYI

Das Brot des Satten kommt für
den Hungrigen zu spät. ARABISCH

Drei Dinge sind gut gegen Hungersnot:
guter Schinken, gute Butter und gut Brot. FRANZÖSISCH

Wer nichts ißt, verdirbt sich auch den Magen. RUSSISCH

Einstweilen, bis den Bau der Welt
Philosophie zusammenhält,
erhält sie das Getriebe
durch Hunger und durch Liebe. FRIEDRICH VON SCHILLER

Wenn der Hunger ins Paradies brächte, dann wären die Hunde die ersten, die hineinkämen. ARABISCH

Liaber hongrig ins Bett
als mit Schulda uffschtanda. SCHWÄBISCH

In der Not frißt der Teufel Bürgermeister. SCHLESISCH

Das Maul ist wie ein Gaul –
beide haben den Zaum nötig. DEUTSCH

Besser verrecken an Leibweh
als am Hunger. NEAPOLITANISCH

Dem hungrigen Hasen
sind auch Kuchen Feigen. SUIDAS

Bis der Fette abnimmt,
geht dem Mageren die Seele aus. DEUTSCH

Hart ist der Hunger, er dringt viel tiefer als alle Geschosse,
zwingt selbst scharfes Gebiß,
schimmlige Brocken zu kau'n. FERNANDO DE BENAVENTE

Von Müllers Henn' und Witwers Magd
ward selten Hungersnot geklagt. DEUTSCH

Wer seinen Hunger stillt und sich seinen
Appetit bewahrt, verdient es wahrlich,
daß man ihn einen Lebenskünstler nennt. DEUTSCH

Arme haben fast immer wohlschmeckendere Speisen als Reiche; der Hunger macht sie ihnen süß und fein. Den aber kennen die Reichen nicht. INDISCH

Wer sich auf die Speise eines anderen verläßt, der kann lange hungern. ARABISCH

Hunger lehrt geigen. DEUTSCH

Wohlstand tut genauso weh wie Hunger, bloß an einer anderen Stelle. BERT COLLINS

Der Hunger macht Saubohnen zuckersüß. DEUTSCH

Ema Hongriga isch guat kocha. SCHWÄBISCH

Appetit lehrt den Lahmen gehen,
und Hunger lehrt ihn springen. DEUTSCH

Auf einem hungrigen Bauch
steht kein fröhliches Haupt. DEUTSCH

Bei Hunger soll man nicht arbeiten. HIPPOKRATES

Versuchen Sie nicht, einem Hungernden zu erklären,
daß auch Sie hungern müssen,
um abzunehmen. GABRIEL LAUB

Auch Hunger ist eine Gabe Gottes. Er ist diejenige Gabe Gottes, die in Erscheinung tritt, wenn alle anderen Gaben Gottes ausbleiben. PETER BAMM

Wer sagt, er habe den Mut, Hunger zu ertragen,
hat nur noch nicht lange genug gehungert. DEUTSCH

Ein hungriger Bauch hat keine Ohren. DEUTSCH

Ein Mönch stirbt nicht an Hunger. CHINESISCH

Mit vollem Bauch ist gut Fastenpredigt halten. DEUTSCH

Am Fasten stirbt niemand. DEUTSCH

Das Fasten reinigt die Seele, erhebt den Geist,
unterwirft das Fleisch dem Geiste, macht das Herz demütig
und zerknirscht, zerstreut die Nebel der Begierden,

löscht aus die Flamme der Wollust,
zündet an das Licht der Keuschheit. AUGUSTIN

Willst du leben lang und gesund,
iß wie die Katz, trink wie der Hund. SCHWEIZERISCH

Wem nichts schmeckt,
dem fällt das Fasten leicht. EUGEN GÜRSTER

Der Mönch fast't gern mit vollem Bauch;
wenn mich nicht hungert, fast' ich auch. NORDDEUTSCH

Ein jeglicher Fasttag
muß drei Freßtage haben. FRANZÖSISCH

Elend wird vergessen,
gibt's nur was zu essen. MIGUEL DE CERVANTES

ZUVIEL IST UNGESUND

Wer allzeit schlemmt,
behält zuletzt kein ganzes Hemd.

ITALIENISCH

Man kann nicht mit zwei Gabeln
auf einmal essen. DEUTSCH

Vielfraß und Faultier sind nahe verwandt. DEUTSCH

Liebhaber opulenter Mahlzeiten:
Fettischist. RAIMUND VIDRÁNYI

Fetter Bauch macht mageres Hirn. DEUTSCH

Was ein dicker Bauch kostet, möchte ich besitzen; was er wert ist – das mögen meine Feinde besitzen. JÜDISCH

Der Bauch trägt die Beine,
nicht die Beine den Bauch. SPANISCH

Wer zuviel ißt, weiß nicht, wie man ißt. FRANZÖSISCH

Keine Uhr geht gleichmäßiger
als der Bauch. FRANZÖSISCH

Der Bauch gibt keinen Kredit. DÄNISCH

Je mehr du ißt, desto weniger Geschmack,
je weniger du ißt, desto mehr Geschmack. CHINESISCH

Der leere Magen kann nicht gut springen,
der volle überhaupt nicht. ALBANISCH

Wer sich den ganzen Tag mit Essen vollstopft, ohne sich mit irgend etwas geistig zu beschäftigen, ist ein unerfreulicher Mitmensch. Gibt es denn keine Glücks- und Schachspieler? Es ist immer noch besser, zu ihnen zu gehören als nichts zu tun. KONFUZIUS

Man muß essen, als wäre
jeder Baum ein Galgen. NIEDERLÄNDISCH

Wenn der Magen spricht,
hört man's Gewissen nicht. RUSSISCH

Ist der Bissen net vergunnt,
druckt er den Magen weh und wund. BAYERISCH

Uppen vullen Buk steit'n lustigen Kopp. NORDDEUTSCH

Das Maul kostet am meisten. DEUTSCH

Der Bauch läßt sich mit Worten
nicht abspeisen. DEUTSCH

Nicht alles, was man ißt,
kann man auch verdauen. BAYERISCH

Je mehr man ißt, desto gefräßiger wird man. CHINESISCH

Der leere Bauch will nicht tanzen,
der volle kann nicht. ZIGEUNER-SPRICHWORT

Wenn der Arme einen vollen Bauch hat,
wird er übermütig. ARABISCH

Bei gutem Essen möchte man am liebsten platzen,
bei schlechtem Essen am liebsten hungern. CHINESISCH

Drei Dinge vertragen sich nit:
faule Hände, eine wohlschmeckende Zunge
und ein starker Appetit. NIEDERLÄNDISCH

Drei Dinge schaden viel, wenn man sie braucht ohne Ziel:
Essen, Trinken und Venusspiel. DEUTSCH

Hab keinen Wortwechsel mit einem,
der dir um ein Mittagessen voraus ist. ARABISCH

Man muß den Bissen nicht größer machen,
als das Maul ist. NIEDERLÄNDISCH

An guten Bissen verdirbt man sich
den Magen zuerst. DEUTSCH

Der Scheich aß, bis er genug hatte, dann sagte er:
Alles ist pfui! ARABISCH

Wer stark zu essen pflegt, ist ohne Tücke. PAUL HEYSE

Gott gab uns einen Mund,
zwei davon wär' ungesund. HEINRICH HEINE

Wohlgeschmack bringt Bettelsack. DEUTSCH

Wer zuviel ißt, hat Bauchschmerzen,
und wer zuviel redet, kann mit seinen Nachbarn
nicht in Frieden leben. ARABISCH

Der Bauch bringt manchen an den Galgen. DEUTSCH

Mit Essen und Trinken kann man
den Teufel zu sich winken. ZIGEUNER-SPRICHWORT

Bei Tisch soll der Mensch in aller Ehrbarkeit einen gewählten Geschmack bezeigen; aber wahlloses Hinunterschlingen macht ihn zum Fresser. CHESTERFIELD

Der Unmäßigen Gott ist der Bauch. DEUTSCH

O, wie ist es hinderlich, wenn man ringsherum an sich
so viel Fettigkeit besitzt,
daß man pusten muß und schwitzt. WILHELM BUSCH

Das Mittagessen bringt die eine Hälfte von Paris um, das Nachtmahl die andere. MONTESQUIEU

Wer sich zu Tode ißt,
nimmt den Leichenschmaus vorweg. HANS-HORST SKUPY

Er ist wie eine Säge, die frißt,
wohin sie sich auch wendet. ARABISCH

Wenn der Bauch voll ist, schläft das Herz. ENGLISCH

Fette Küche, mageres Testament. FRANZÖSISCH

Ein Drittel von dem, was der Mensch ißt, braucht er, um sich am Leben zu erhalten. Die anderen zwei Drittel sind dazu da, die Ärzte am Leben zu erhalten. HARALD SWANDSON

Wer sich nicht sattißt,
der leckt sich auch nicht satt. SCHLESISCH

Wer satt ist, dem sind gebratene Vögel
nicht gesund. DEUTSCH

Wenn ma de Narra viel geit, esset se viel. SCHWÄBISCH

Selber essen macht fett –
und selber denken macht gescheit. DEUTSCH

Der Bauch kennt keine Verpflichtungen. ARABISCH

Mit Krankheiten zahlt man die Zinsen
fürs Vergnügen. JAPANISCH

Wer alles schlucken will,
wird schlecht verdauen. FRANZÖSISCH

Wenn der Magen voll ist, singen die Vögel
und die Menschen lachen. AUSTRALISCH

In sechsunddreißig Gängen sind
zweiundsiebzig Krankheiten. INDISCH

Die Freude am guten Essen tötet mehr Leute
als der Degen. FRANZÖSISCH

Der liebt mich auf die rechte Art,
der mir den Bauch füllt. ENGLISCH

Wer vül aabrockt, mou vül aasessn. OBERPFÄLZISCH

Der Bauch, wie ein Bösewicht,
gedenkt des frühern Guten nicht. RUSSISCH

Der Bauch versteht keinen Spaß. JUGOSLAWISCH

Der Mund ist ein kleines Loch,
doch er verschlingt
Haus und Hof. SLOWENISCH

Ein Vielfraß wird nicht geboren,
sondern erzogen. DEUTSCH

Sattsein ist eine
ungesunde Gewohnheit. JAKOW TRACHTENBERG

Alle Krankheiten
kommen vom Magen. GUSTAVE FLAUBERT

Ein voller Magen ist keine Entschuldigung
für ein leeres Hirn. WOLFGANG ESCHKER

Auch der seelenvollste Mund
ist ein Freßwerkzeug. THOMAS NIEDERREUTHER

Dicker Hintern macht stolz und bequem. ARABISCH

Weil die Patienten zuviel fressen,
brauchen die Ärzte nicht zu hungern. MICHAEL SCHIFF

Optimistisch ist eine Frau,
die Fettpölsterchen für Kurven hält. FRANÇOISE HARDY

Wer sein Vermögen in seinen Bauch hineinsteckt,
dessen Kapital sind seine Fäkalien. ARABISCH

Wenn der Reiche Schlangen ißt, so sagt man,
er kuriert sich; tut es der Arme,
so sagt man, er ist hungrig. ZIGEUNER-SPRICHWORT

Die Fetten leben kürzer.
Aber sie essen länger. STANISLAW JERZY LEC

Mit vollem Bauch denkt man schwer,
aber loyal. GABRIEL LAUB

Mancher ißt sich seines Todes sicher. HANS HORST SKUPY

VON SUPPEN, SAUCEN UND WÜRZEN

Vom vielen Fleisch
wird die Suppe nicht schlechter.
DEUTSCH

Di stirkst Suppn is d'Wassersuppn,
denn's Wasser dreibt Mühlriader. OBERPFÄLZISCH

Die Suppe sieben Aufgaben erfüllt: sie nimmt den Hunger, den Durst sie stillt; sie füllt den Magen und reinigt den Zahn, macht schlafen und daß man verdauen kann und färbt mit Gesundheit die Wangen an. ITALIENISCH

Den Löffel hat so mancher,
aber die Suppe fehlt. DEUTSCH

Wenn es Suppe regnet,
hat der Bettler keine Schüssel. DEUTSCH

Es ist keine Suppe so teuer wie die,
die man geschenkt bekommt. DEUTSCH

A gscheite Supp ka koin Domma schada. SCHWÄBISCH

Hofsuppen sind lieblich zu lecken,
werden aber gewürzt mit Schrecken. DEUTSCH

Blasen und Suppen zu gleicher Zeit
erfordert viel Geschicklichkeit. LATEINISCH

Altes Fleisch gibt fette Suppen. FRANZÖSISCH

Wenn dir das Fleisch entgangen ist,
gibt acht auf die Brühe. ARABISCH

Die hoaß' Suppn, die ma net essen muaß,
soll ma net blasn. BAYERISCH

Suppn und Elend gibts allaweil gnua. BAYERISCH

Die Brühe des Geizigen
sättigt nicht. ZIGEUNER-SPRICHWORT

Kalte Suppen haben schon manche
heiße Liebe abgekühlt. FANNY LEWALD

Wer den Appetit zur Suppe nicht verlieren will,
darf nicht in die Küche gehen. FRANZÖSISCH

Eine gelehrte Frau und eine versalzene Suppe
sind beide ungenießbar. DEUTSCH

Der Bauer bleibt ein Bauer,
und wenn er die Suppe mit der Gabel ißt. ARABISCH

Wer si d'Zunga vabrennd,
blaost s'nächstmal d'Suppn. OBERPFÄLZISCH

Fleischbrühe läßt sich nicht
aus Kieselsteinen kochen. FRANZÖSISCH

Wüstes Maul frißt die Suppe ungeblasen. DEUTSCH

Wer bei der Suppe trinkt,
muß im Grabe husten. ENGLISCH

Wassersuppe brennt nicht auf der Zunge. DEUTSCH

Ich bin auch nicht auf der Brennsupp'n
dahergeschwommen. BAYERISCH

Alte Hennen geben fette Suppen,
haben aber zähes Fleisch. DEUTSCH

Wer mit dem Teufel Suppe essen will,
muß einen langen Löffel haben. DEUTSCH

Wer jede Sauce kosten will,
wird sich oft das Maul verbrennen. DEUTSCH

Die jungen Leute wissen gar nicht mehr, daß die Sauce wichtiger ist als der Braten. HUGO VON HOFMANNSTHAL

Wenn das Sauce ist, sagte der Schiffskapitän zum Kellner, bin ich bisher auf nichts als Sauce gefahren. DEUTSCH

England ist das Land der Individualisten. Deshalb bleibt es mir unverständlich, daß man in diesem Land für alle Speisen nur eine einzige Sauce kennt. VOLTAIRE

Neu Gewürz macht alte Speisen frisch. DEUTSCH

Gewürze ohne Kraft, eine Speise ohne Saft,
ein Sattel ohne Gurt, eine Krämer ohne Wort,
der kommt nicht fort. DEUTSCH

Ein Wurzgart und ein Rosenkranz, Mägd und Knecht und schöner Tanz; gut Kost, süß Wein und schöne Frauen, Vogelgesang und Blumen in den Auen, schöne Menschen und fröhlich Gewand, Geld genug und gesund allesamt; so wollt ich's treiben ewigleich, wenn droben wär kein Himmelreich. DEUTSCH

Gewürzte Kost vertreibt den Frost. DEUTSCH

Je mehr man die Gewürze reibt,
desto besser riechen sie. DEUTSCH

Bittere Kräuter sind nicht für jeden Gaumen. DEUTSCH

Bitter im Mund, ist dem Magen gesund. FRANZÖSISCH

Von der Wahrheit kann man sich nicht ernähren,
man kann mit ihr nur würzen. CHRISTOPHER MORLEY

Was soll würzen, muß man kürzen. DEUTSCH

Salz ißt man auf der ganzen Welt. CHINESISCH

Schlechtes Salz verdirbt die beste Suppe. DEUTSCH

Gutes Salz schütte nicht auf die Straße. DEUTSCH

Wenn das Essen nichts taugt,
wird's vom Salzen nicht besser. DEUTSCH

Er ist wie Salz,
in jeder Speise enthalten. ZIGEUNER-SPRICHWORT

Traditionalismus – das heißt, daß man
einem silbernen Salzstreuer, aus dem kein Salz kommt,
den Vorzug gibt vor einem aus Plastik,
der tatsächlich Salz streut. HERZOG VON BEDFORD

Es soll keiner den andern für einen guten Freund
ansehen, er habe denn einen Scheffel Salz
mit ihm gegessen. SCHWEIZERISCH

Das Salz ist armer Leute Pfeffer. DEUTSCH

Es ist nicht alles Pfeffer, was beißt. DEUTSCH

Gut gepfeffert ist halb verdaut. DEUTSCH

Wer Pfeffer im Überfluß hat,
würzt auch sein Mus damit. DEUTSCH

Ein Pfefferkorn überbeißt hundert Maiskörner. DEUTSCH

Der Pfeffer bringt den Mann aufs Pferd
und die Frau unter die Erd'. NIEDERLÄNDISCH

Weil der Pfeffer den Zahn nicht beißen kann,
beißt er die Zunge. DEUTSCH

Wo's der Brauch is, tuat ma d'Hund Pfeffer
in d'Suppn. BAYERISCH

Je mehr man den Zimt stößt,
desto lieblicher riecht er. DEUTSCH

Wer keinen Knoblauch ißt,
stinkt auch nicht danach. DEUTSCH

Von Lorbeeren wird keiner satt. DÄNISCH

Nehmen wir unsere Interessen wahr! Hängen wir den uns hingestreuten Lorbeer nicht an die Wand, sondern tun wir ihn dorthin, wo er hingehört: in die Suppe. HEINRICH BÖLL

Essig macht die schweren Köpfe lässig. DEUTSCH

Zu starker Essig
sprengt das Gefäß. ZIGEUNER-SPRICHWORT

Was Essig werden soll, muß früh gefälscht werden,
sagte der Krämer. DEUTSCH

Essig ist auch ein Sohn des Weins. JÜDISCH

Wenn man auch den Essig macht aus süßem Wein,
so wird er dennoch sauer sein. DEUTSCH

Wer sich morgens mit Senf wäscht,
dem wässern die Augen den ganzen Tag. DEUTSCH

Wer nicht eine Schüssel voll Senf
auf einmal auffressen und dabei lachen kann,
taugt nicht zum Hofbeamten. DEUTSCH

Senf stärkt, sagt er, aber er würde keinem gebratenen Hasen den Schwanz ausziehen. DEUTSCH

Drei Dinge nehmen Kinder ungern ein:
Senf, Meerrettich und Wein. DEUTSCH

Meerrettich ist dem Magen ein Pflaster,
den Augen ein Laster. DEUTSCH

Salat will Salz vom Künstler, Essig vom Geizhals,
Öl vom Verschwender. FLORENTINISCH

Geizhälse und Ziegen brauchen weder
Essig noch Öl zum Salat. DEUTSCH

Mit kleinem Maul ist nicht gut Salat essen. DEUTSCH

Die Welt ist ein Sardellensalat, er schmeckt uns früh,
er schmeckt uns spat. J. W. VON GOETHE

VON FISCHEN UND FISCHERN

In schnellem Wasser ist gut Fische fangen.

CHINESISCH

Geht der Fisch nicht an die Angel,
ist an Regen bald kein Mangel. BAUERNREGEL

Springende Fische
bringen Gewitterfrische. BAUERNREGEL

Gewitter sind zu erwarten,
wenn die Krebse das Wasser und ihre Höhle verlassen
und am Ufer umherkriechen. BAUERNREGEL

Die Angel ins Wasser werfen tuts nicht allein,
der Fisch will auch gezogen sein. LATEINISCH

Hat man den Fisch gefangen,
ist das Netz vergessen. CHINESISCH

Wer angeln will, trübt das Wasser. DEUTSCH

Das Netz fragt die Fische nicht,
ob sie heraus wollen. DÄNISCH

Vor des Fischers Tür ist übel fischen. DEUTSCH

Der Fisch gehört ins Wasser, der Dieb an den Galgen,
der Mönch ins Kloster. DEUTSCH

Ein Fisch sieht den Köder,
aber nicht den Haken. CHINESISCH

Auch mit einem kleinen Haken
kann man große Fische fangen. CHINESISCH

Der Fisch ist hübsch im Wasser,
aber noch besser gefällt er im Kessel. DEUTSCH

Die Fische sind stumm,
aber die Fischweiber nicht. DEUTSCH

Wer Fische ißt, muß stumm sein. DEUTSCH

Iß Fisch nur frisch und Reis nur gar. CHINESISCH

Deinen Fisch verspeise frisch und deine Tochter
verheirate jung. DÄNISCH

Der Fisch will dreimal schwimmen:
im Wasser, im Schmalz und im Wein. ENGLISCH

Fische und Gäste werden
nach drei Tagen unerfreulich. INDISCH

Das Wasser kann ohne Fische auskommen,
aber kein Fisch ohne Wasser. CHINESISCH

Kleine Fische machen den großen dicke Köpfe. DÄNISCH

Ein schlechter Fisch braucht gute Sauce. FRANZÖSISCH

Besser ein kleiner Fisch
als eine leere Schüssel auf dem Tisch. ENGLISCH

Ein Fisch frißt den anderen,
und der Fischer ißt sie alle zusammen. ARABISCH

Im Fluß hat der Fisch keinen Wert. ZIGEUNER-SPRICHWORT

Den Fisch mücht de Katt woll, oewer sei mag sick de Bein
nich nat maken. MECKLENBURGISCH

Ein Fisch, der entkommt, ist stets ein großer. CHINESISCH

In allzu klarem Wasser ist kein Fisch, und unklug ist's, die Sparsamkeit zu übertreiben. CHINESISCH

Aal, Kohl und Verdruß
man als Abendkost nicht nehmen muß. DÄNISCH

Der hat den Aal nicht ganz,
der ihn hat beim Schwanz. LATEINISCH

Wenn man einen Aal am festesten zu haben glaubt, entschlüpft er. DEUTSCH

Man soll Aal bereiten, wie man Frauen
ins Dorf geleitet, aber Hering,
wie man Metzen aus dem Dorfe jagt. DÄNISCH

Wenn die Forellen früh laichen,
gibt es viel Schnee. BAUERNREGEL

Wer die Forelle haben soll,
fängt sie mit dem Hute. RUSSISCH

Forellen fängt man nicht mit trockenen Hosen. DEUTSCH

Wer Karpfen gekostet hat, der kann nicht wissen, wie Forellen schmecken. RUSSISCH

In die Angel der Wahrheit beißen nur kleine Karpfen; mit dem Netz der Lüge fischt man große Lachse. LETTISCH

Er wirft einen Schellfisch
nach einem Kabeljau. NIEDERLÄNDISCH

Engen Verhältnissen entflieh, willst im Leben
du etwas erreichen; große Karpfen leben nie
in allzu kleinen Teichen. JAPANISCH

Es hat mancher schon einen Lachs gefangen,
der nach einer Karausche ausging. DEUTSCH

Stockfisch ohne Butter
ist ein schlechtes Futter. NIEDERLÄNDISCH

Ein Lachs ist mehr wert
als tausend Frösche. NIEDERLANDE

Die Hechte werden in den Teich gesetzt,
damit die anderen Fische nicht faul werden. DEUTSCH

Aus einem alten Schwanz
wird kein frischer Hering. DEUTSCH

Iß Hering und Sardellenfisch,
dann bleibst du alle Tage frisch. ITALIENISCH

Auch der Hering gewöhnt sich an seine Tonne. DEUTSCH

Der Hering ist ein einfaches Essen,
man braucht nicht lange zuzumessen. DÄNISCH

Wenn der Hering kommt ins Land,
wird der Doktor unbekannt. NIEDERLÄNDISCH

Wenn der Hering am teuersten ist,
schmeckt er am besten. DEUTSCH

Faule Austern geben die schönsten Perlen. FRANZÖSISCH

Wenn der Geizhals einen Hering schenkt,
so wird er doch den Rogen für sich behalten. RUSSISCH

Den Stören liegt sehr wenig dran,
daß sie hoch schätzt der Fischersmann. RUSSISCH

Die den Kaviar bereiten,
bekommen keinen zu essen. RUSSISCH

Hab' erst Kaviar und man wird dich schlachten
wie einen Stör. RUSSISCH

Wer genug Kaviar hat,
schmiert auch seine Räder damit. RUSSISCH

Weil das Fleisch der Auster so weich ist,
hat Gott ihr eine so harte Schale gegeben. RUSSISCH

Austern und Dummköpfe
sind schwer zu verdauen. DEUTSCH

Ein Optimist ist ein Mann, der ohne einen Pfennig in der Tasche Austern bestellt in der Hoffnung, mit der Perle bezahlen zu können. NN

Der Bauch macht uns zu Schelmen, sagte der Landrat,
wenn das zweite Hundert Austern kommt. DEUTSCH

Wer einen Hummer ißt und dabei über
den Preis spricht, muß es sich gefallen lassen,
ein Barbar genannt zu werden. HENRI DE MONTAIGNE

Die größten Krabben haben nicht stets
das beste Fleisch. ENGLISCH

Gibt es im Fluß keine Fische,
sind selbst die Krebse teuer. CHINESISCH

Wer sich zu Krebsen gesellt,
muß mit ihnen rückwärts gehen. DEUTSCH

Laß dich nicht nach Krebsen schicken,
sie können dich zwicken. DEUTSCH

GEFLÜGEL UND WILDBRET

Man kann lange gähnen,
ehe einem eine gebratene Taube ins Maul fliegt.
DÄNISCH

Wenn du die Taube nicht ißt, was kümmert's dich, daß sie verbrannt ist? DEUTSCH

Arbeite gern und sei nicht faul,
gebrat'ne Taub' fliegt nicht ins Maul. NORDDEUTSCH

Wer aber recht bequem ist und faul, flög' den eine gebratene Taube ins Maul, er würde höflich sich's verbitten, wär' sie nicht auch geschickt zerschnitten. J. W. VON GOETHE

Wer sich Tauben hält,
ist ein verdorbener Millionär. DEUTSCH

Die Liebe ist die singende, sich in der Luft tummelnde Lerche. In der Ehe muß der Vogel gebraten auf der Schüssel liegen. K. J. WERNER

Es ist beides Geflügel, sagte die Frau, nachdem sie einen Sperling für einen Adler gehalten hatte. DEUTSCH

Ein echter Feinschmecker, der ein Rebhuhn verspeist hat, kann sagen, auf welchem Bein es zu schlafen pflegte. ANTHELME BRILLAT-SAVARIN

Wenn die Hühner den Schwanz hängen lassen,
kommt Regen. BAUERNREGEL

Wenn sich die Hühner im Sande baden,
regnet's gern ohn' allen Schaden. BAUERNREGEL

Hocken die Hühner in den Ecken,
kommt bald Frost und Winters Schrecken. BAUERNREGEL

Klosterhühner legen Eier mit zwei Dottern. DEUTSCH

Wenn ein Huhn wie ein Hahn kräht,
gibt es anderes Wetter. BAUERNREGEL

Wenn die Hennen Gras fressen,
kommt Regen. BAUERNREGEL

Wenn die Hennen sich weit vom Stall entfernen,
naht schlechtes Wetter. BAUERNREGEL

Wenn die Hühner ihr Futter ganz auffressen,
kommt teure Zeit. BAUERNREGEL

Kräht der Hahn zu ungewöhnlicher Zeit,
gibt es bald Regen. BAUERNREGEL

Wenn die Hennen viel im Staub wühlen, ist's,
weil sie Sturmes Nahen fühlen. BAUERNREGEL

Wenn die Henne kräht vor dem Hahn, die Frau redet vor dem Mann, so soll man die Henne kochen, die Frau mit einem guten Prügel pochen. NORDDEUTSCH

Heute ein Huhn ist besser
als morgen eine Ziege. ARABISCH

Vielerlei lernt man vom Hahn: zu kämpfen,
früh aufzustehen, gemeinsam mit den Seinen zu speisen
und eine in Not geratene Frau zu schützen. INDISCH

Auch ein gescheites Huhn läuft manchmal
in die Brennesseln. DEUTSCH

Zwölf Hühner und ein Hahn sind nicht faul,
sie fressen soviel wie ein Gaul. ITALIENISCH

Der Hahn träumte,
er sei Futterhändler geworden. ARABISCH

Vor dem Hahne darf man nicht
mit der Henne singen. DEUTSCH

Wenn man der Henne die Hand verschließt,
so verschließt sie den Arsch. DEUTSCH

Die Henne gehört dem Armen
und der Reiche ißt sie. ITALIENISCH

Auch um ein Huhn zu fangen, brauchst du wenigstens zwei Körner Reis. CHINESISCH

Mit einer Hand voll Gerste lockt man mehr Hühner als mit einem schönen Knüppel. RUSSISCH

Die Henne, die am nächsten beim Hahn sitzt,
ist am fettesten. DEUTSCH

Wenn die Gerste alle ist,
wird das Huhn geschlachtet. RUSSISCH

Junge Hähnchen, sanft gebraten,
dazu kann man dringend raten. WILHELM BUSCH

Eine verspeiste Henne kann man
nicht mehr verschenken. DEUTSCH

Eine gebratene Ente schmeckt gut, sagte der Junge,
ich habe schon einmal den Inspektor
eine essen sehen. NIEDERLÄNDISCH

Wegen eines Gastes mehr
schlachtet man kein Huhn. CHINESISCH

Ein Huhn ist gut zu zweit zu essen –
ich und das Huhn. JÜDISCH

Fremde Enten sind immer so groß
wie Schwäne. DEUTSCH

Ganz zwar trage die Ente man auf;
doch sie schmeckt an der Brust nur und an dem Rücken;
den Rest sende dem Koch zurück. MARTIAL

Die Ente ist ein Vorbild für Lebenskunst: unten aus Leibeskräften strampelnd, oben ruhig und gelangweilt. NN

Steht die Gans auf einem Fuß,
dann kommt bald ein Regenguß. BAUERNREGEL

Alles ein Gesöff, sagte die Gans, da hatte sie in sieben Pfützen herumgeschnattert. DEUTSCH

Eine Gans, die Fasten überlebt hat,
taugt nichts mehr. BAUERNREGEL

Drei Gänse und drei Weiber
machen einen Jahrmarkt. DEUTSCH

Die Gans wird kein Schwan,
wenn sie den Hals auch noch so sehr reckt. DEUTSCH

Die Gänse rupft man auf dem Dorfe
und die Bauern in der Stadt. FRANZÖSISCH

Die Kunst der Besteuerung besteht darin, eine Gans so zu rupfen, daß sie die größte Menge Federn unter geringstem Zischen gibt. JEAN-BAPTISTE COLBERT

Drei Dinge laß, sind sie mager, liegen:
Gänse, Frauen und Ziegen. ITALIENISCH

Hat man eine Gans lange genug gelobt,
so schlachtet man sie. DEUTSCH

Es ist sehr fraglich, ob Gänse, Truthähne und Karpfen das Weihnachtsfest als Erlösung betrachten. GERRIT VISSERS

Ist's Brustbein der Martinsgans braun,
so wirst du viel Kälte schaun;
ist es aber weiß, viel Schnee und Eis. DEUTSCH

Die Gans geht ins Kraut,
bis sie aus der Pfanne schaut. DÄNISCH

Eine geschenkte Gans
gibt einen wohlfeilen Braten. LETTISCH

Jäger, Fischer, Spieler und Musikanten
werden nie reich. SCHWEIZERISCH

An Feiertagen geht der Teufel jagen. DEUTSCH

Willst du Wildbret bringen nach Haus, so schieße nicht nach Spatzen die Ladung aus. DEUTSCH

Fette Hasen im Herbst zeigen
einen strengen Winter an. ZIGEUNER-REGEL

Wenn rauh und dick des Hasen Fell,
dann sorg für Holz und Kohlen schnell. BAUERNREGEL

Hat der Hase ein dickes Fell,
wird der Winter ein harter Gesell. BAUERNREGEL

Kommt der Has' in die Gärten,
will sich der Winter noch härten. DEUTSCH

Der Hase meint, die Bauern pflanzen
den Kohl für ihn. RUSSISCH

Ich finde es richtig, daß man vor dem Beginn einer Jagd
die Hasen und Fasane
durch Hörnersignale warnt. GUSTAV HEINEMANN

Heut' ist Hasenjagd, sagte der Bauer und spannte seine Ochsen ein. NIEDERLÄNDISCH

De Hase löppet keine sieben Johr, hei wed doch endlich schotten. SAUERLÄNDISCH

Den hab ich das Laufen gelehrt, hat der Jäger gesagt,
wie er den Hasen gefehlt hat. DEUTSCH

Wer gern jagt, dem begegnet bald ein Hase. DEUTSCH

Hasen und Hunde werden nie Freunde. DEUTSCH

Man muß nicht zwei Hasen zugleich jagen. FRANZÖSISCH

Aus einem kleinen Gebüsch
springt oft ein großer Hase. NIEDERLÄNDISCH

Da liegt der Hase im Pfeffer. DEUTSCH

Das Reh lebt einzeln und in Rudeln,
und schmeckt sehr gut zu breiten Nudeln. EUGEN ROTH

Jedenfalls war man im Altertum fest davon überzeugt,
daß man sich durch Verzehren einer guten Rehkeule
eine provisorische ewige Jugend
erhalten könnte. CARL BRINITZER

Geht der Hirsch naß in die Brunft,
kommt er trocken heraus. BAUERNREGEL

Mich jammert des Hirsches, sagte der Jäger,
als er fehlgeschossen. DEUTSCH

Wenn sich keine Hirsche zeigen,
sind die Hasen auch nicht zu verachten. DEUTSCH

VOM FLEISCH UND VON SEINEN LIEFE- RANTEN

Es ist alles Fleisch,
aber nicht jedes kann man essen.
DEUTSCH

Fleisch macht Fleisch, Wein macht Blut,
Brot ist für Leib und Seele gut. DEUTSCH

Der Schlaue verlangt Fleisch
und ist mit Brot zufrieden. ZIGEUNER-SPRICHWORT

Die Armen wünschen sich Fleisch für ihren Magen,
die Reichen Magen für ihr Fleisch. ANTHONY COPLEY

Es paßt nicht alles Fleisch für jedes Maul. ENGLISCH

Es soll keiner mehr schlachten,
als er salzen kann. BAYERISCH

Es hat nicht jeder Fleisch gegessen,
der in den Zähnen stochert. DEUTSCH

Das ist ein fauler Bauer, der's Fleisch vom Metzger kauft
und in seinen Schornstein hängt. DEUTSCH

Wer rohes Fleisch ißt,
dem tut der Bauch weh. ZIGEUNER-SPRICHWORT

Auf des Fleischers Tisch
kommt selten ein saftiger Braten. DEUTSCH

Wer bei den Fleischtöpfen sitzen will,
kommt nicht ins Gelobte Land. DEUTSCH

Fleisch ist doch zu ungesund, sagte der arme Mann
und kochte sich Maisbrei. RUMÄNISCH

Liaber a Laus em Kraut als gar koi Floisch. SCHWÄBISCH

Ein kleines Stück Fleisch ist besser
als eine Schüssel voll Kohl. ZIGEUNER-SPRICHWORT

Braten und Zähne
sind nicht immer beieinander. FRANZÖSISCH

Man muß nicht alle Braten
an einen Spieß stecken. DEUTSCH

Der den Braten nicht genossen,
den schmeißt man mit dem Bratenspieß. DEUTSCH

Der Braten verbrennt,
während der Koch tanzt. FRANZÖSISCH

Es wird mit Recht ein guter Braten
gerechnet zu den guten Taten. WILHELM BUSCH

Schickst mir Braten, o Freund!
Ach, Braten hab' ich genug hier –
schicke doch besseres her:
schicke den Hunger zuerst. POLIZIAN

Bratensaft macht Brüderschaft. DEUTSCH

Eine ungeschlagene Frau
ist ein ungebratenes Fleisch. ZIGEUNER-SPRICHWORT

Unter einem Kompromiß versteht man die Kunst,
einen Braten so aufzuteilen,
daß jeder glaubt, er habe das beste
und größte Stück bekommen. PAUL-HENRI SPAAK

Ein Schwein wird nicht von Worten fett. NIEDERLÄNDISCH

Wer einen guten Braten macht,
hat auch ein gutes Herz. WILHELM BUSCH

Da ist viel Rauch,
doch Braten gibt es nicht. ZIGEUNER-SPRICHWORT

Berechne zuerst die Größe des Knochens nach deiner Kehle, ehe du ihn herunterschluckst. ARABISCH

Man muß den Knochen abnagen,
den einem das Glück zuwirft. DEUTSCH

Ein gewürzter Knochen ist besser
als stinkendes Fleisch. ARABISCH

Mag das Fleisch noch so hoch hängen,
der Hund wartet auf die Knochen. DEUTSCH

Wenn die Sau Lagerstroh trägt,
wird das Wetter schlecht. BAUERNREGEL

Ein Pferd ist nur vorgetäuschter Reichtum,
eine Muttersau dagegen
ist ein Schatz von Gold. CHINESISCH

Zieh ein Schwein am Schwanz,
und alle werden quieken. NIEDERLÄNDISCH

Ein Ferkel von einem Monat und eine junge Gans von drei ist ein königlich Essen. NIEDERLÄNDISCH

Wenn man das Ferkel auch einen Vogel nennt,
es bleibt doch ein Schwein. NIEDERLÄNDISCH

Geborgtes Schwein gibt fette Weihnachten
und magere Ostern. PORTUGIESISCH

Schläft das Schwein, wächst sein Fleisch.
Schläft der Mensch,
wachsen seine Schulden. CHINESISCH

Ein Schwein ersetzt viele Hasen. RUSSISCH

Das schlimmste Schwein
bekommt die meisten Körner. ITALIENISCH

Wenn die Sau satt ist,
stößt sie den Trog um. NIEDERLÄNDISCH

Es gibt auch Paradiese,
wo die Schweine weiden. DEUTSCH

Glaube weder dem Schwein im Garten
noch dem Wolf im Schafstall. CHINESISCH

Je besser man die Schweine behandelt,
desto näher sind sie der Schlachtbank. DEUTSCH

Man soll sein Schwein nicht schlachten,
bevor die letzte Borste bezahlt ist. RUSSISCH

Ein kluger Mann verehrt das Schwein,
er denkt an dessen Zweck.
Von außen ist es ja nicht fein,
doch drinnen sitzt der Speck. WILHELM BUSCH

Der Reiche und das Schwein
werden nach ihrem Tod hoch geschätzt. UKRAINISCH

Wer Schweine füttert,
kommt zu Dung und Fleisch. CHINESISCH

Es mouß niad sa,
daß d'Sau a Holsband dragt. OBERPFÄLZISCH

Hängt einen Geldsack an die Sau,
so grüßt man sie als schöne Frau. DEUTSCH

Auch ohne Schlächter ißt man das Schwein
nicht mit Borsten. CHINESISCH

Die Sau grunzt anders,
wenn der Metzger kommt. DEUTSCH

Für jedes Schwein kommt sein Martinstag
(Schlachttag). FRANZÖSISCH

Der Schlachter denkt an Schweine,
wenn du zu ihm von Ideen sprichst. CHINESISCH

Erst auf dem Tisch riecht das Schwein gut. BAYERISCH

Wer das Schweinefleisch spickt,
wird auch den Honig zuckern. DEUTSCH

Solang ma's Schweinerne pfundweis kriagt,
kauft ma koa ganze Sau. BAYERISCH

„Essen's nur, Herr Pfarra", hat die Bäuerin gesagt,
„sonst kriagn's d'Säu." BAYERISCH

Schweinebraten und Schwiegereltern
genießt man am liebsten kalt. DEUTSCH

Wenn die Kälber spielen,
gibt es gutes Wetter. BAUERNREGEL

Ein neugeborenes Kalb
fürchtet den Tiger nicht. CHINESISCH

Wer aus Kalbfleisch besteht,
den muß man zu keinem Löwen bringen. DEUTSCH

Von einem Kalbe kann man nicht mehr erwarten
als ein Bröcklein Kalbfleisch. DEUTSCH

Kommen die Kühe abends lang nicht nach Haus,
so bricht am nächsten Tag
schlecht Wetter aus. BAUERNREGEL

Hält die Kuh das Maul nach oben im Lauf,
so ziehen bald Gewitter auf. BAUERNREGEL

Der Kuh gefällt eine Handvoll Gras besser
als aller Gelehrter Künste. DEUTSCH

Wer da hat die Kühe,
muß auch haben die Mühe. ITALIENISCH

Was kann man von einem Ochsen verlangen
außer Ochsenfleisch? JÜDISCH

Ein magerer Ochse im Stall ist besser
als ein fetter im Wald. DEUTSCH

Wenn eine Kuh stürzt,
finden sich viele Messer. ZIGEUNER-SPRICHWORT

Wenn die Frau die Kühe füttert,
geben sogar die Hörner Milch. NORDDEUTSCH

Ein Prophet verließ sich auf den andern,
und so ging die Kuh verloren. ARABISCH

Das beste Stück am Ochsen
ist zwischen Hörnern und Schwanz. DEUTSCH

Überall bei de Volksfest gibt's Ochsn grad gnua.
De oan, de wern bra(t)n,
de andern schaugn zua. OBERPFÄLZISCH

Schwer nur läßt sich ein Staat erhalten,
in dem ein Ochse billiger ist
als ein Fisch. CATO DER ÄLTERE

Ein Steak ist ein Stück gebratenes Fleisch,
dessen Preis es einem verständlich macht,
warum die Kühe in Indien heilig sind. NN

Wat ick nich weit, makt mi nich heit,
säd de Oss, as hei brad würd. MECKLENBURGISCH

Wenn die Schafe auf der Weide mit den Köpfen
zusammenstehn, folgt ein Gewitter. BAUERNREGEL

Wenn du mir den Hammel schenkst,
schenk ich dir das Fell. DEUTSCH

Wer das Schaf essen will,
der beschütze seine Mutter. ARABISCH

St. Blasius (3. 2.) man Lammbraten essen muß. DEUTSCH

Ein Lamm gibt nicht soviel Wolle wie ein Schaf,
aber mehr als ein Schwein. FRANZÖSISCH

Den Schafen ist es gleich, ob sie geschlachtet
oder vom Wolf gefressen werden. DEUTSCH

Wer einen Hammel will,
muß um einen Ochsen bitten. DEUTSCH

Jeden Hammel hängt man
an seinen eigenen Beinen auf. TÜRKISCH

Hammel und Rind munden gut,
wenn sie nur halb gebraten sind. FRANZÖSISCH

Lammfleisch und Rindfleisch
kochen nicht zusammen weich. NIEDERLÄNDISCH

Die fette Ziege weiß nicht,
wie der mageren zumute ist. DEUTSCH

Die Ziege geht solange in den Kohl,
bis ihr Fleisch ist im Kasserol. DEUTSCH

Unsa Herrgodd loußt da Goas ihran Schwanz
niad lenger wachsn als s'n braucht. OBERPFÄLZISCH

WURST, SCHINKEN UND FETT

Ist die Wurst erst angeschnitten,
wird sie auch bald alle.
SÄCHSISCH

Ich asse lieber Worscht,
eim Brute hot's zu viel Mahl. SCHLESISCH

Gott ja, was gibt es doch für Narren!
Ein Bauer schneidet sich 'n Knarren
vom trocknen Brot und kaut und kaut.
Dabei hat er hinaufgeschaut
nach einer Wurst, die still und heiter
im Rauche schwebt, dicht bei der Leiter.
Er denkt mit heimlichem Vergnügen:
Wenn ick man woll, ick könn di kriegen! WILHELM BUSCH

Prometheus hat das Feuer nicht vom Himmel geholt,
damit die Wurstbratereien ihre Geschäfte
machen können. HEINRICH BÖLL

D'Weißwurscht muaß vor'm Zwölfeläuten
sterben. BAYERISCH

Man darf nit Bratwürst im Hundestall suchen. DEUTSCH

Wenn's bayerisch Bier regnet
und Bratwürstl schneibt,
dann bitten wir'n Herrgott,
daß's Wetter so bleibt. BAYERISCH

Alles hat ein Ende, nur die Wurst hat zwei. DEUTSCH

Wem's Bratwürste regnet,
der darf nicht über Hunger klagen. LATEINISCH

Kurze Predigt und lange Bratwürste. BAYERISCH

Der Hunger treibt Bratwürste rein. DEUTSCH

Besser etwas von einer Wurst
als nichts von einer Pastete. ENGLISCH

Man muß die Wurst braten,
wie die Leute sie essen wollen. DEUTSCH

Wenn von der Wurst nur noch ein Zipfel übrig ist,
ist es zu spät zum Sparen. SÄCHSISCH

Wenn man selbst nicht hangen will,
muß der Hund die Wurst gestohlen haben. DEUTSCH

Wer ein Schwein schlachtet,
kann leicht Würste machen. SPANISCH

Des Schweines Ende
ist der Wurst Anfang. WILHELM BUSCH

Man schickt keinem eine Wurst, man weiß denn,
daß er auch eine Sau werde schlachten. DEUTSCH

Und wird im Dorf ein Schwein geschlacht't,
o seht nur, wie der Kantor lacht.
Die größte Wurst soll seine sein,
dem armen Dorfschulmeisterlein. SPOTTLIED

Meine Wurst is jut –
wo keen Fleesch is, da is Blut,
wo keen Blut is, da sind Schrippen.
An meine Wurst is nich zu tippen. HEINRICH ZILLE

Die Metzger, die sind kugelrund,
an jeder Worscht, do fehlt e Pund. HESSISCH

Die Metzjer hawwe net geschlacht't,
und hawwe doch große Werscht gemacht. PFÄLZISCH

Je weniger die Leute darüber wissen,
wie Würste und Gesetze gemacht werden,
desto besser schlafen sie nachts. OTTO VON BISMARCK

Ein Schlächter kauft dem andern
keine Wurst ab. SCHWEIZERISCH

Nur unser Herrgott und die Metzger wissen,
was in der Wurst ist. DEUTSCH

Die Wurst ist verschwiegen. DEUTSCH

Der Hund wedelt mit dem Schwanz nicht vor dir,
sondern vor der Wurst in deiner Hand. PORTUGIESISCH

An zuviel Wurst kann ein Hund ersticken. ENGLISCH

Ein Gentleman ohne Geld
ist wie eine Wurst ohne Speck. ENGLISCH

Mit der Wurst nach der Speckseite werfen. DEUTSCH

Wer sein Schwein hungern läßt,
bekommt schlechte Schinken. WESTFÄLISCH

Schinkenessen ist indirektes
Schweinebraten. WILHELM BUSCH

Besser ein alter Schinken
als unreifes Kalbfleisch. DEUTSCH

Hungrige Hunde fressen schmutzige Würste. ENGLISCH

Eine Schnitte Schinken in der Hand ist besser
als ein fettes Schwein im Traum. DEUTSCH

Zu fremdem Schinken eigenes Messer,
das nährt am besten. NIEDERLÄNDISCH

Ein Schinken öffnet die Tür oft leichter
als ein Dietrich. DEUTSCH

Die nach fremden Würsten hinken,
verlieren drob eignen Schinken. DEUTSCH

Man muß essen, was man hat, sagte der Bauer
und bestrich die Speckseite mit Butter. DEUTSCH

Es sind immer die Fettöpfe,
um die sich die Fliegen versammeln;
sahst du sie jemals auf den Essig fliegen? RUSSISCH

Es ist nicht alles Butter,
was von Kühen kommt. DEUTSCH

Das Butterbrot fällt meist
auf die verkehrte Seite. DEUTSCH

Das ist eine von den großen Taten,
sich in seinem eigenen Fett zu braten. J. W. VON GOETHE

Es fehlt ihm nichts als Fett,
wenn er nur Kohl hätte. NIEDERLÄNDISCH

Wo Schmalz ist, kann man Butter sparen. RUSSISCH

Man soll dem Speck seine Fettigkeit
nicht vorwerfen. RUSSISCH

Gebratnen Speck und Butter dran,
ißt, wenn er muß, ein armer Mann. DEUTSCH

Wer hätte gedacht, daß die Butter so fett wäre,
obwohl sie doch keine Schwarte hat. DEUTSCH

Wer viel Butter hat, kann fetten Kohl essen. DEUTSCH

Wer gut futtert, der gut buttert. UNGARISCH

Der Bauer hört gern,
daß die Butter viel gilt. NIEDERLÄNDISCH

Wer Butter am Kopf hat,
soll nicht in die Sonne gehen. DEUTSCH

Man kann ihn in Butter braten,
er wird nicht besser. NIEDERLÄNDISCH

Teure Butter lehrt trocken Brot essen. NIEDERLÄNDISCH

Frische Butter ist besser als alter Quark. DÄNISCH

Die Butter ist gesund, nicht an den Fingern,
sondern im Mund. NIEDERLÄNDISCH

Ohne vier B gibt's im Hause viel Not:
ohne Bett, Börse, Butter, Brot. NIEDERLÄNDISCH

Je fleischiger die Oliven,
desto weniger Öl geben sie. ÄGYPTISCH

GEMÜSE UND KAR-TOFFELN

Man kann nicht zwei Gemüse zugleich
in einem Topf kochen.

DEUTSCH

Verwandte besuche selten,
den Küchengarten desto öfter. CHINESISCH

Besser Gemüse ohne Gewürz,
als Gewürz ohne Gemüse. BÖHMISCH

Zu sauer und zu süß verderben das Gemüs'. DÄNISCH

Wer Gemüse stiehlt,
versteckt sich nicht im Gemüsegarten. CHINESISCH

Der Schwarze aber aß seit dieser Begebenheit
fast nur Gemüser. WILHELM BUSCH

Ißt du gar zuviel Gemüse,
so verdummt die Zirbeldrüse. SCHWEDISCH

Er ist wie eine Aubergine:
Mache daraus, was du willst. ARABISCH

Ausbildung ist alles. Blumenkohl ist nichts anderes
als ganz gewöhnlicher Kohl
mit College-Erziehung. MARK TWAIN

Je reicher die Bohnen strotzen,
desto schlechter gerät das Korn. BAUERNREGEL

Besser eine Bohne und frei,
als Zuckerwerk und Sklaverei. DEUTSCH

Dicke Bohnen und Schwartemagen
kann der Bauer gut vertragen. DEUTSCH

Gurken und Mädchen faulen leicht. NIEDERLÄNDISCH

Wirf noch so viele Erbsen an die Wand,
es klebt doch keine an. DEUTSCH

Wer keine Ananas hat,
dem schmecken auch die Gurken gut. RUSSISCH

Wer wird schon eingestehen,
daß seine Gurken bitter sind? CHINESISCH

Man muß seine Gurken nicht dem Gärtner
verkaufen wollen. DEUTSCH

Aus einer Gurke wird keine Melone. RUSSISCH

Saure Gurken sind auch ein Kompott. DEUTSCH

Ich will lieber in die sauern Gurken beißen
als in Altjungfernkraut, sagte das Mädchen
und nahm einen Lahmen. DEUTSCH

Je mehr Kohl, je weniger Heu,
diese Regel ist nicht neu. BAUERNREGEL

Wer den Acker zu sehr düngt,
bekommt Kraut statt Knollen. DEUTSCH

Je weniger Kraut, desto mehr Unkraut. LATEINISCH

Sauerkohl und Speck hilft dem Bauer
durch den Dreck. NIEDERSÄCHSISCH

Wer seine Nahrung nicht verdienen kann,
muß sein Kraut in seinem eigenen Schmalze
schmelzen. DEUTSCH

So lange der Kohl dampft,
brennt die Freundschaft. RUSSISCH

Bitteres Kraut trägt oft süße Frucht. DEUTSCH

Den Kohl muß man pflanzen unter dem Himmelszeichen
des Mistes und kochen
unter dem Sternbild des Specks. SCHWEIZERISCH

Man muß den Kohl so pflanzen,
daß ihn die Ziege nicht frißt. FRANZÖSISCH

Der Kohl schmeckt sehr gut,
sagte die Magd und aß das Fleisch. NIEDERLÄNDISCH

Besser ein Gericht Kraut mit Liebe,
als ein gemästeter Ochse mit Haß. DEUTSCH

In Italien wird man sofort ermordet, wenn man die Schönheit der Italienerinnen anzuzweifeln wagt, in England, wenn man sich über die vielgepriesene englische Freiheit lustig macht, und in Deutschland, wenn man zu leugnen wagt, daß Sauerkraut eine Speise für Götter sei. ALEXANDRE DUMAS FILS

Mir schwant etwas, mir ist so wohl.
Gibt's heute mittag Sauerkohl? WILHELM BUSCH

Wofür sie besonders schwärmt,
wenn er wieder aufgewärmt
(der Sauerkohl). WILHELM BUSCH

Eine nicht geschlagene Frau
ist wie ungesalzener Kohl. DEUTSCH

Für einen gesunden Körper
ist auch eine Strohhütte bequem.
Für einen festen Charakter
sind selbst Kohlwurzeln köstlich. CHINESISCH

Der Kürbis wird auch gekocht
nicht zu einer Melone. ZIGEUNER-SPRICHWORT

Je mehr man den Rettich salzt,
desto weniger beißt er. DEUTSCH

Wer Rettich liebt, der sät ihn auch. CHINESISCH

Wer Rettich ißt,
muß oben und unten husten. DEUTSCH

Wer Rüben will, recht gut und zart,
sä' an Maria Himmelfahrt (15. 8.). ITALIENISCH

Sind Rüben auf dem Markt gefragt,
muß man sie nicht waschen. CHINESISCH

Der Weise kostet die Rübe und weiß,
wie der Spargel schmeckt. DEUTSCH

Denn Spargel, Schinken, Koteletts
sind doch mitunter auch was Netts. WILHELM BUSCH

Er ist wie die Zwiebel –
er steckt in jeder Suppe. ARABISCH

Dem ist Zwiebel und Zitrone gleich,
der nicht riecht. DEUTSCH

Jeder Rettich hat seinen Schwanz. DEUTSCH

Wenn man einem die Zwiebel gibt,
so will er auch den Kaviar. DEUTSCH

Wer zwischen Zwiebel und Schale
pflegt zu kriechen, bekommt nur ihren Gestank
zu riechen. ZIGEUNER-SPRICHWORT

O du, dessen Vater Zwiebeln sind
und dessen Mutter Knoblauch,
woher soll der gute Geruch kommen? ARABISCH

Drei Dinge machen, daß tränt das Aug:
ein bös Weib, Zwiebel und Rauch. DÄNISCH

Mit den Konferenzen ist es wie mit den Zwiebeln;
man entfernt Schale um Schale, und was übrigbleibt,
ist zum Weinen. JEAN RIGAUX

Ein Linsengericht ist mehr wert
als ein ganzes Kochbuch. DEUTSCH

Er ist wie eine Linse, bei der man Bauch
und Rücken nicht unterscheiden kann. ARABISCH

A großer Bauch
kommt net von kloine Lensa. SCHWÄBISCH

Von schmalen Linsen
bekommt man keinen breiten Bauch. DEUTSCH

Ist das Fest vorbei,
kommt wieder Erbsenbrei. LATEINISCH

Der Lebenskünstler und der Feinschmecker wissen,
daß man ein Schwein sein muß,
um Trüffeln zu finden. MARQUIS DE SADE

Einen Pfifferling, der über Nacht aufwächst,
nascht des Morgens ein Schwein weg. DEUTSCH

Vegetarier essen keine Tiere,
aber sie fressen ihnen das Futter weg. ROBERT LEMBKE

Der Vegetarier ist ein Mensch,
der kein tierisches Leben ißt,
das man ohne Mikroskop sehen kann. NN

Reden auf Vegetarier-Banketten sind erfreulich kurz,
weil man Angst hat,
daß sonst das Essen verwelkt. MARIO ADORF

Ist der Hanf ein Riese,
so wird die Kartoffel ein Zwerg. BAUERNREGEL

Die Kartoffel spricht: Legst du mi im April,
komm' ich, wenn i will;
legst du mi im Mai, komm' i glei. BAYERISCH

Ach du großer Gott,
was läßt du für kleine Kartoffeln wachsen! DEUTSCH

Du Buern sünd ümmer untaufräden –
sünd blot grot Kartüffeln wussen,
hebbt se keen lütt för de Swin. MECKLENBURGISCH

Die dümmsten Bauern
haben die größten Kartoffeln. DEUTSCH

Wegen einem Erdapfel
setzt ma kan Hafen ans Feuer. BAYERISCH

Eine Hausfrau kann aus der Kartoffel
viele Gerichte machen. DEUTSCH

Wenn zwei Gabeln dieselbe Kartoffel treffen,
so leben die beiden Leute
noch ein Jahr zusammen. DEUTSCH

Vor große Knödl
hat si no nia oaner g'forchten. BAYERISCH

Ein Mittagessen ohne Klöße
ist ein Rock ohne Schöße. BÖHMISCH

D'Liab druckt's Herz und der Knödl 'n Magen. BAYERISCH

De Knödl sein 'gessen,
jetzt waar was zum Essen recht. BAYERISCH

KÖRNER, FRÜCHTE, BREIE, SÜSSES

Wenn man vom Korn spricht,
sieht der Müller nach dem Winde.
DEUTSCH

Schwere Ähren und volle Köpfe neigen sich. DEUTSCH

Hundert taube Ähren
können keinen Sperling nähren. DEUTSCH

Auf schwarzer Erde wächst weißes Getreide. JÜDISCH

Säen soll man nicht aus der Kutsche
und junge Mädchen
nicht auf dem Tanzboden mustern. SÄCHSISCH

Vom Wind ist gut leben, sagte der Müller
und hielt sich den Bauch. DEUTSCH

Die Mühle dreht sich nicht vom gestrigen Wind. DEUTSCH

Die voraus bezahlen,
bekommen das Korn grob gemahlen. DEUTSCH

Am Klappern kann man nicht erkennen,
wie die Mühle mahlt. DEUTSCH

Dreht sich ein Mühlstein auch tausendmal,
er kehrt immer zum Anfang zurück. CHINESISCH

Müller und Bäcker stehlen nicht,
man bringt's ihnen. DEUTSCH

Wenn's dem Korn nicht in die Hosen regnet,
dann gibt's kein Brot. BAUERNREGEL

Siehst du zum ersten Mal Korn blühen,
so lecke die Blüten von drei Ähren,
dann bleibst du im selben Jahr fieberfrei. MÄHRISCH

Wenn das Korn wohlfeil ist,
sind die Fische teuer. BAUERNREGEL

Gedeiht das Korn auf dem Sande,
wird teure Zeit im Lande. BAUERNREGEL

Um Korn und Wein wird schlimm es stehn,
je später wir Blüten am Schlehdorn sehn. BAUERNREGEL

Eine Kornähre ist mehr wert als zehn Rosen. DEUTSCH

Borgst du Spreu von einem Reichen,
Korn mußt du ihm wiedergeben. FINNISCH

Sprich nicht vom Weizen,
solange er nicht eingeerntet ist. ARABISCH

Der Weizen ist schon auf der Tenne,
aber die Schwiegertochter
liegt noch im Bett. CHINESISCH

Der Weizen auf dem Feld
ist noch lange kein Geld. FRANZÖSISCH

Was nützt ein Feld von Disteln,
wenn man Weizen ernten will. DEUTSCH

Dem ist gut Gerste borgen,
der genug Weizen hat. DÄNISCH

Allzu heiß verbrennt den Mais. DEUTSCH

Der Geizhals möchte Mehl aus dem Mais mahlen,
mit dem er seine Schweine füttert. RUSSISCH

Die Hirse liebt es nicht,
wenn es ihr in die Ähren regnet. BAUERNREGEL

Er paßt auf fremde Hirse auf
und läßt die eigene von den Spatzen fressen. DEUTSCH

Wer die Hirse ausgeschüttet hat,
tut sich beim Zusammenklauben schwer. RUMÄNISCH

Wer sich an Hirsebrei das Maul verbrannt hat,
bläst auch geronnene Milch. DEUTSCH

Wer Hirse sät, hoffe nicht auf Bohnen. CHINESISCH

Aus Hafer wird kein Reis,
und sät man ihn im Paradeis. POLNISCH

Reiskörner fallen nicht vom Himmel. CHINESISCH

Auch dem Einfältigsten gedeiht eine prächtige Ernte,
wenn sein Feld gut ist;
ob die Reishalme reich an Körnern sind,
hängt nicht von den Vorzügen des Sämanns ab. INDISCH

Einmal kommt auch der Tag,
an dem der Reis gedroschen wird. CHINESISCH

Selbst die geschickteste Hausfrau
kann ohne Reis kein Essen kochen. CHINESISCH

Vom Schwatzen wird der Reis nicht gar. NIGERIANISCH

Wer Reis ißt, vergesse nicht den Sämann. CHINESISCH

Der hat ein schweres Los, der mit einer
silbernen Reisschale betteln muß. CHINESISCH

Es ist kein Mehl so fein,
es hat seine Klümpchen. DÄNISCH

Man kann nicht das Mehl im Munde behalten
und blasen. DEUTSCH

Am Mehlbrei beißt sich niemand
die Zähne entzwei. DÄNISCH

Hat man nur erst die Grütze,
so findet sich auch der Löffel. RUSSISCH

Wer den Brei sich selber blasen kann,
wende sich nicht an fremden Mann. DEUTSCH

Er hat schon als Kind den Brei
mit einem goldenen Löffel gegessen. BAYERISCH

Besser wartet der Mensch auf den Brei,
als daß der Brei auf den Menschen wartet. CHINESISCH

Es kann niemand zwei Breie
in einer Pfanne kochen. DEUTSCH

Es gibt wenig Brei, aber viele Bonzen. CHINESISCH

Brei ist keine Speise
und ein Sklave ist kein Mensch. DEUTSCH

Der braucht viel Brei,
welcher jedem den Mund stopfen soll. NIEDERLÄNDISCH

Von schmalen Nudeln
bekommt man keinen breiten Hintern. JÜDISCH

Pfannekuchen und Salat,
das bekannte Leibgericht,
was so sehr zum Herzen spricht. WILHELM BUSCH

Ein Eierkuchen kostet viele Hühner das Leben. DEUTSCH

Dat de Pannkauken rund is,
süht me am Rande. SAUERLÄNDISCH

Wenn das Feuer nicht dem Koche hilft,
so wird kein Eierkuchen. DEUTSCH

Die Frauen sind wie Apfelstrudelteig:
Erst wenn sie ausgezogen sind,
kann man sie durchschauen. KARL FARKAS

Wenn die Bienen zeitig verkitten,
kommt bald ein harter Winter geritten. BAUERNREGEL

Die Biene hat nichts Süßeres als den Honig. DEUTSCH

Wenn die Bienen alt sind,
geben sie keinen Honig. ENGLISCH

Die Bienen saugen aus den bittersten Kräutern
den süßesten Honig. DEUTSCH

Bienen und Schafe
ernähren den Mann im Schlafe. DEUTSCH

Honig im Munde spart am Geldbeutel. ITALIENISCH

Wem der Honig schmeckt,
der schelte nicht die Bienen. DEUTSCH

Wer Honig essen will,
der ertrage das Stechen der Bienen. ARABISCH

Das ist schlechter Honig,
den man erst mit Zucker süß machen muß. DEUTSCH

Wenn Reden Honig ist,
so ist Schweigen noch süßer. ARABISCH

Wessen Mund bitter ist,
für den ist auch der Honig nicht süß. DEUTSCH

Wenn dein Freund Honig ist,
so schlecke ihn nicht ganz auf. ZIGEUNER-SPRICHWORT

Ein Trunk Wasser in meiner Heimat ist mir lieber
als Honig in der Fremde. ARABISCH

Man fragt: Was ist süßer als Honig?
Es wurde geantwortet:
Essig, den man umsonst haben kann. ARABISCH

Honig soll das unfehlbarste Mittel gegen Haarausfall sein.
Aber wie bekommt man den Hut
wieder vom Kopf? HUBERT VON MEYERINCK

Zucker und Gottseligkeit
sind zu allen Dingen nütze. DEUTSCH

Es hat mancher Zucker im Munde
und die Essigflasche in den Händen. DEUTSCH

Zucker und Weck machen faule Säck. DEUTSCH

Ob du Sesam stiehlst oder Zucker,
es ist Unrecht. INDISCH

„Bäter is bäter“, hadd de Jung seggt, und harr sick
Zucker up’n Sirup streut. MECKLENBURGISCH

Das Kamel trägt Zuckerrohr und bekommt doch nur die
Dornen zu fressen. ARABISCH

Wer immer Zucker essen muß,
dem schmeckt er sauer. DEUTSCH

Der Zucker ist ein weißer Stoff,
der dem Kaffee einen schlechten Geschmack verleiht,
wenn man vergißt, ihn hineinzutun. SCHÜLER-DEFINITION

Süß auf süß schmeckt doppelt gut,
sagte der Pfaffe und küßte die Köchin
auf der Zuckerkiste. NIEDERLÄNDISCH

Powidl ist die Wagenschmiere, die so phantastisch
nach Pflaumenmarmelade schmeckt. PETER ALEXANDER

Lieber Gott, kannst du nicht machen,
daß die Vitamine in Zukunft im Pudding sind
und nicht im Spinat? KINDERGEBET

Geld verschafft sogar Eiscreme in der Hölle. ARABISCH

EIER, MILCH UND KÄSE

Geschenkte Eier sind immer frisch.

DEUTSCH

Ei von einer Stunde, Brot von einem Tag,
Wein von einem Jahr, Weib von fünfzehn,
Freund von dreißig. VENEZIANISCH

Ein ungelegtes Ei ist ein sehr unsicheres Ei. DEUTSCH

Mit unglegte Oar (Eier)
is nit guat Schmarrn kochn. BAYERISCH

Reichtum macht das Herz schneller hart
als kochendes Wasser ein Ei. LUDWIG BÖRNE

Manche Henne macht viel Geschrei um ein Ei. DEUTSCH

Aus schlechten Eiern
kreucht kein guter Vogel. FRANZÖSISCH

Ein Ei und ein Butterbrot
darf man vor jedermanns Tür verzehren. FRIESISCH

Besser das Ei von heute
als die Henne von morgen. ZIGEUNER-SPRICHWORT

Wenn das Huhn neidisch auf die Ente blickt und ebenso
große Eier legen will, zerspringt es. ARABISCH

Lieber heute ein Ei als morgen ihrer drei. DEUTSCH

Wer Eier will, darf die Hühner nicht braten. DEUTSCH

Schwarze Hühner legen auch weiße Eier. DEUTSCH

Hier ist nicht gut Eieressen, sagte der Fuchs, als er
den Hund vor dem Hühnerstall sah. NIEDERLÄNDISCH

D'Jungfraun und d'Oar (Eier)
darf ma net z'lang aufheben. BAYERISCH

Es gibt genug moderne Mädchen, die glauben, man müsse Eier nur lange genug kochen, dann würden sie schon weich. CLAUDIO PISCIOTTI

Schwimmen in weißer Flut die safranfarbigen Dotter,
würze hesperischer Saft
einer Makrele das Ei. MARTIAL

Eh du deinem Koch beschieden,
gib ihm erst ein Ei zu sieden;
kann er's bist du stets zufrieden. SLAWISCH

Das Ei will oft klüger sein als die Henne. DEUTSCH

Wer keine Eier findet, brät das Nest. DEUTSCH

In einem Hühnerei
suche nicht nach Knochen. CHINESISCH

Frauen und Eier, je mehr geschlagen,
je besser werden sie. DEUTSCH

Jedem ein Ei,
dem frommen Schweppermann zwei. DEUTSCH

Wenn Matthias (24. 2.) kommt herbei,
legt die Gans das erste Ei. BAUERNREGEL

Nur die Armen, welche keine Fische kaufen können,
dürfen im Advent Eier,
Milchspeisen und Käse essen. SYNODE ZU PRAG

Ein faules Ei durchstinkt ein ganzes Haus. ITALIENISCH

Das weiß ein jeder, wer's auch sei,
gesund und stärkend ist das Ei. WILHELM BUSCH

Eier werden nicht mit Spucke gebraten. ARABISCH

Wo viele Hähne sind,
legen die Hühner wenig Eier. CHINESISCH

Skandal ist wie ein Ei: wenn es ausgebrütet ist,
bekommt es Flügel. MADAGASSISCH

Er gibt kein Ei, er wisse denn,
daß er ein Hühnlein dafür bekomme. DEUTSCH

Nur auf ein angeknicktes Ei
setzen sich die Fliegen. CHINESISCH

Eier und Eisen werden nicht
in denselben Sack gesteckt. ARABISCH

Wer Eier stiehlt,
wird auch Hühner stehlen. ZIGEUNER-SPRICHWORT

Dasselbe Wasser macht Hühner weich
und Eier hart. DEUTSCH

Neutral will auf Eiern gehen
und keines zertreten. DEUTSCH

Ein Ei neckt bloß den Mund, zwei sind gesund,
drei das trifft, vier sind Gift,
fünf sind der Tod. DEUTSCH

Die Kühe, die am lautesten muhen,
geben am wenigsten Milch. UNGARISCH

Auch eine schwarze Kuh gibt weiße Milch. DEUTSCH

Wer mit Milch übergossen ist,
den lecken alle Katzen. DEUTSCH

Wer Kühe schlecht malen kann, sollte sie lieber melken,
denn dabei kommt wenigstens
etwas heraus. WILHELM LEIBL

Ein Haus, in dem es an Gold, an Sklavinnen und an Milch
mangelt, in dem noch dazu ein widerspenstiges Weib
herrscht, ist wahrlich die reinste Hölle. INDISCH

Er meint, er habe Milch im Napfe –
dabei scheint ihm nur der Mond hinein. DEUTSCH

Eine Kuh, die sich nicht willig melken läßt,
zieht sich nur noch mehr Leid zu;
eine Kuh dagegen, die sich gut melken läßt,
wird man kaum schlagen. INDISCH

Wenn der Himmel Milch regnen ließe, hätten nur
die Reichen Krüge, um sie einzufangen. RUSSISCH

Ehre ist wie Milch, sie wird vom kleinsten Stäubchen
schmutzig. ZIGEUNER-SPRICHWORT

Verdünnte Dickmilch, die einem angeboten wird,
ist besser als unverdünnte,
die man nicht bekommt. ARABISCH

Wer als Quark geboren wird,
wächst nicht zu einem Schweizerkäse heran. DEUTSCH

Man kann Quark lange quirlen,
ehe Sahne daraus wird. DEUTSCH

Von altem Quark redet man gerne. SCHLESISCH

Wer in fremden Quark greift,
macht sich die Hände schmutzig. ITALIENISCH

Er ißt den Quark mit einer Nadel. ZIGEUNER-SPRICHWORT

In jeden Quark begräbt er seine Nase. J. W. VON GOETHE

Einen alten Quark soll man
nicht wieder aufrühren. DEUTSCH

Getretener Quark wird breit,
nicht stark. J. W. VON GOETHE

Mit der Ahle soll man nicht Quark essen. DEUTSCH

Ein guter Käse
wiegt eine schlechte Mahlzeit auf. ITALIENISCH

Der eine lacht einen guten Käse an,
der andere fällt davon in Ohnmacht. DEUTSCH

Käse ist gesund,
wenn eine geizige Hand ihn spendet. DEUTSCH

Ein Dessert ohne Käse gleicht einer
einäugigen Schönen. ANTHELME BRILLAT-SAVARIN

Käse ist Milch
auf dem Sprung zur Unsterblichkeit. FADIMAN

Junge Liebhaber sind wie der Camembert:
wenn sie reif werden, laufen sie davon. FRANÇOISE ROSAY

Für Historiker ist die Gegenwart wie ein Camembert:
erst eine Weile liegen lassen, damit der reizvolle
Hautgout der Geschichte entsteht. HENRY TROYAT

Der Käse verrät die Milch. LAPPLÄNDISCH

Wenn man einem Bettler Käse gibt,
so will er ihn auch rösten. SCHWEDISCH

Es geht net immer wia ma möcht, sonst könnt ma
von der Kuah glei Kas melken. BAYERISCH

Käse schärft die Zähne und macht Appetit. DEUTSCH

Aus fremdem Käse ist leicht
dicke Streifen schneiden. NIEDERLÄNDISCH

Den besten Käse benagen die Mäuse zuerst. DÄNISCH

Käs' ist ein wunderlich Gericht; er verdaut alles,
nur sich selber nicht. DEUTSCH

Wenn man des Fleisches satt ist,
muß man den Käse bringen. DEUTSCH

VOM OBST UND VON DEN NÜSSEN

Einem schönen Mann werfen alle Frauen
Früchte in den Wagen.

CHINESISCH

Blüte schnell und ohne Regen,
verspricht beim Obste großen Segen. BAUERNREGEL

Es gibt kein Obst so rauher Art,
das mit der Zeit nicht mürbe ward. ITALIENISCH

Die Frucht schmeckt nach dem Baume. DEUTSCH

Die besten Früchte hängen im Wipfel. DEUTSCH

Man ißt Obst, ohne zu untersuchen,
auf welchem Baum es gewachsen ist. DEUTSCH

Wer die Früchte unreif vom Baum pflückt,
der hat weder Saft von ihnen,
noch trägt der Same ihm neue Frucht. INDISCH

Versprochene Beeren füllen die Körbe nicht. LETTISCH

Die schlechtesten Beeren sind es nicht,
an denen die Wespen nagen. DEUTSCH

Nicht alles ist Apfel,
was rund ist. ZIGEUNER-SPRICHWORT

Über Rosen läßt sich dichten,
in die Äpfel muß man beißen. J. W. VON GOETHE

Dem Gesunden schmeckt ein Apfel besser
als dem Kranken ein Pfirsich. RUSSISCH

Ich rede von Äpfeln
und ihr antwortet von Zwiebeln. ENGLISCH

Wer einen Apfel schält und nicht ißt,
bei Jungfrauen sitzt und sie nicht küßt,
beim Weine ist und nicht schenkt ein,
der muß ein einfältiger Tropf sein. DEUTSCH

Der Apfel, den Frau Eva brach,
bracht' uns in alles Ungemach. DEUTSCH

Jenes Apfels leichtsinnig augenblicklicher Genuß
hat aller Welt
unendlich Weh verschuldet. J. W. VON GOETHE

Bis die Äpfel reif waren, sagte der Junge,
als ihn der Schulmeister fragte,
wie lange Adam und Eva
im Paradies gewesen seien. DEUTSCH

Unsere Vorfahren haben das Paradies für einen Apfel
hergegeben. Was hätten sie erst für einen
gefüllten Truthahn getan? ANTHELME BRILLAT-SAVARIN

Auch ein frischer Apfel fault,
wenn er unter faules Obst fällt. DEUTSCH

Ein Apfel nach Pfingsten und ein Mädchen nach dreißig
Jahren hat weder Lack noch Geschmack. OBERHARZ

Man kann nicht Äpfel und Birnen
von einem Baum schütteln. DEUTSCH

Verbotene Äpfel sind süß. ITALIENISCH

Ein fauler Apfel steckt hundert gesunde an. DEUTSCH

Wer die Banane tadeln will,
bezeichnet sie als zu süß. INDISCH

Hängt die Birne fest am Stiel,
bringt der Winter Kälte viel. BAUERNREGEL

Die Birne möcht' er wohl,
doch auf den Baum will er nicht. NIEDERLÄNDISCH

Wenn die Birne reif ist,
fällt sie von selbst ab. FRANZÖSISCH

Hinter dem Haus gibt es auch noch
einen Birnbaum. BAYERISCH

Wer Datteln pflanzt, ißt sie nicht. ARABISCH

Meine Datteln sind süß, sagte die Mistel,
die sich an der Palme rankt. ÄTHIOPISCH

Dattel und Dattel ergibt Datteln. ARABISCH

Wenn die Erdbeeren geraten,
so geraten auch die Trauben. BAUERNREGEL

Haben die Erdbeeren an den Randzähnchen der Blätter
Wassertröpfchen hängen,
dann kommt Regen. BAUERNREGEL

Wegen einer Erdbeere
sollte ein Mann neunmal vom Pferde steigen. DEUTSCH

Reife Erdbeeren um Pfingsten
bringen ein gutes Weinjahr. DEUTSCH

Viel Swartebearn (Heidelbeeren),
viel Tiufeln (Kartoffeln). WESTFÄLISCH

Mädchen und Himbeeren haben schon Maden,
eh' sie noch reif sind. JEAN PAUL

So lange der Holunderbaum nicht ausschlägt, ist noch Frost zu befürchten. BAUERNREGEL

Wie die Kirschblüt,
so die Wein- und Kornblüt. BAUERNREGEL

Wenn die Kirschen reif sind, braucht man den Spatzen keinen Boten zu schicken. RUSSISCH

Wer satt ist,
dem schmecken alle Kirschen sauer. DEUTSCH

Mit großen Herren ist nicht gut Kirschen essen. DEUTSCH

Fall' mir ins Maul, sagte die faule Magd zur Kirsche,
an die sie mit der Nase stieß. DEUTSCH

Wenn Mandarinen dicke Schalen haben,
braucht man lange Fingernägel. ARABISCH

O Schicksal, Schicksal! Dem einen gibst du reife,
dem anderen unreife Melonen zu essen. TÜRKISCH

Vom Zerschneiden der Melone
wird der Mund nicht gekühlt. ARABISCH

In einer Hand kann man nicht
zwei Melonen halten. ZIGEUNER-SPRICHWORT

Wer Melonen verschmäht,
sich als Narren verrät. ITALIENISCH

Mancher klaubt ein Sesamkörnchen auf,
übersieht aber die Melone. CHINESISCH

Eine viertel Orange schmeckt genauso gut
wie eine ganze. CHINESISCH

Die Orange ist des Morgens Gold, des Mittags Medizin,
des Nachts ist sie Gift. DEUTSCH

Fehlt zu Pfirsichen der Appetit,
schmeckt auch die Hagebutte nit. DEUTSCH

Pfirsichbaum und Bauernregiment wächset schnell und
nimmt schnell ein End. DEUTSCH

Gut Pflaumenjahr – schlecht Kornjahr. BAUERNREGEL

Pflaumen kann man nicht
zu Äpfeln machen. OSTPREUSSISCH

Man beißt nicht in Zitronen,
so lange man Orangen hat. DEUTSCH

Bei Zitronen muß man
den Zucker nicht schonen. DEUTSCH

Wenn die Zitrone ausgedrückt ist,
wirft man sie weg. DEUTSCH

Blüht der Weinstock in vollem Licht,
große Beeren er verspricht. BAUERNREGEL

Wer die Beeren in den Wind sät,
mag aus dem Nebel Wein keltern. RUSSISCH

Wenn im Sommer viel Haselnüsse geraten, gibt es einen harten Winter. BAUERNREGEL

So die Buben und die Mädchen in die Haselnüsse gehen, gibt es viele Kinder. BAUERNREGEL

Wer als Nuß geboren wird, muß sich auch das Knacken gefallen lassen. ÄTHIOPISCH

Die schlechtesten Nüsse
knackt man zuletzt. NIEDERLÄNDISCH

Ein Spaniel, ein Weib und ein Walnußbaum werden immer besser, je häufiger sie geprügelt werden. ENGLISCH

Die Nüsse sind jetzt nicht mehr so gut
wie vor fünfzig Jahren, sagte der alte Mann,
der keine Zähne hatte. DEUTSCH

VOM BROT UND VON DEN KUCHEN

Brot essen lernt sich leichter als Brot verdienen.

DEUTSCH

Brot ist, worauf alles andere steht. MATTHIAS CLAUDIUS

Mit Wasser und Brot
kommt man durch alle Not. DEUTSCH

Die Geschichte feiert die Schlachtfelder,
auf welchen wir sterben, aber sie spricht nicht
von den Kornfeldern, durch die wir leben.
Welch ein Weg menschlicher Dummheit! HENRY FABRE

Nützlicher ist Brot mit fröhlichem Herzen
als Reichtümer mit Kummer. ALTÄGYPTISCH

Wer keen Brot heft,
mot de Botter dreeg eete. NORDDEUTSCH

Von fremdem Brot
ist gut dicke Scheiben schneiden. DEUTSCH

Wer döind,
woiß wöi s' fremd Broud schmeckt. OBERPFÄLZISCH

Brot ist der größte Verbündete; der Soldat marschiert so weit wie sein Magen. RUSSISCH

Ander Leute Brot schmeckt allzeit besser. DEUTSCH

Besser a Brot em Sack
als wia a Feder uf'm Huat. SCHWÄBISCH

Wer Brot hat, dem bietet man Brot an. DEUTSCH

Brot ist teuer, wenn kein Geld im Sack ist. RUSSISCH

Dann brich das Brot und trink den Wein
und lob den Tag im Abendschein. GEORG BRITTING

Wer nie sein Brot mit Tränen aß,
wer nie die kummervollen Nächte
auf seinem Bette weinend saß,
der kennt euch nicht,
ihr himmlischen Mächte! J. W. VON GOETHE

Wenn nur Brot da wär' zum Essen!
Zähne würden sich schon finden. RUSSISCH

Schlechtes Brot wird dir der Hunger fein
und zu Weizenbrot machen. SENECA

Brot aus Korn mit Weizen, gut gesalzen und gar gebacken, nützt dem Gedärme, verdaut recht und gibt Kraft und Wärme. ABÛBEKR AR-RÂZÎ

Die Liebe ist süß, jedoch nur mit Brot. JÜDISCH

Besser bei trockenem Brot in der Dachspelunke,
als mit Galgenangst bei fetter Tunke. DEUTSCH

Eher müssen die Männer ihr Brot kriegen
als eine Braut. ISLÄNDISCH

Wer Brot hat, muß nicht glauben,
daß die Butter von den Bäumen fällt. NIEDERLÄNDISCH

Hungert dein Feind,
so speise ihn mit Brot. SPRÜCHE SALOMONIS

Brot weint, wenn unverdient gegessen. POLNISCH

Lieber trocken Brot essen,
als sich fremden Quark betteln. NIEDERLÄNDISCH

Das Brot ist nicht viel wert, das von der Hand gleich in den Mund begehrt. DEUTSCH

Brot, das Augen hat, Käse, der weint, und Wein, der springt, gibt ein Frühstück, das gelingt. FRANZÖSISCH

Wer kein Brot hat,
soll das Hemde nicht mit Spitzen besetzen. DEUTSCH

Drei Dinge laß sein: warmes Brot, grünes Holz
und sauren Wein. DEUTSCH

Er ist wie das Gerstenbrot, es wird gegessen,
aber getadelt. ARABISCH

In einen leeren Brotsack
geht nicht einmal ein Teufel. ZIGEUNER-SPRICHWORT

Mi is't egal, ob Kuurn wasst oder nich,
ick köp min Brot von'n Bäcker. MECKLENBURGISCH

Keiner gibt der Waise Brot,
doch viele guten Rat. TÜRKISCH

Den, der wirklich Hunger hat,
dünkt das trockene Brot Salami. ITALIENISCH

Wer trocken Brot mit Lust genießt,
dem wird es gut bekommen.
Wer Sorgen hat und Braten ißt,
dem wird das Mahl nicht frommen. J. W. VON GOETHE

Wer vom Brot des Sultans ißt,
muß auch mit dessen Schwert dreinschlagen. ARABISCH

Das Brot der anderen hat sieben Krusten. FRANZÖSISCH

Das Brot der Dummen
wird im voraus gegessen. FRANZÖSISCH

Man hat ihm den Brotkorb höher gehängt. DEUTSCH

Die Kleinen backen Brötchen
von den Dummheiten der Großen. FRANZÖSISCH

Bäcker und Müller sind die letzten,
die Hungers sterben. NIEDERLÄNDISCH

Er macht's wie der Bäcker, der schiebt das Brot in den Ofen, bleibt aber selber draußen. ENGLISCH

Bäcker sind die besten Baumeister, sie bauen aus kleinen Semmeln große Häuser. DEUTSCH

Je mehr man den Teig knetet,
desto feiner wird das Gebäck. DEUTSCH

Was machen wir, backen wir,
oder fressen wir den Teig so. DEUTSCH

Wer gegen den Backofen blasen will,
braucht ein großes Maul. BAYERISCH

Wenn die Frauen waschen und backen,
haben sie den Teufel im Nacken. NORDDEUTSCH

Wer kein Brot backen will,
der braucht fünf Monate zum Mehlsieben. GRIECHISCH

Es gibt kein Stückchen Brot in der Welt,
an dem nicht Religion, Politik und Technik
mitgebacken hätten. HEINRICH EDUARD JACOB

S'isch bees backe mit em griene Holz,
wemmer kai Mehl hät. BADISCH

Was man g'lernt hat, frißt koa Brot net. BAYERISCH

Brot und Freiheit wachsen auf einem Halm. DEUTSCH

Gestohlenes Brot wird noch im Munde
zu Kieselsteinen. FRANZÖSISCH

Das Brot ernährt dich nicht:
was dich im Brote speist, ist Gottes ew'ges Wort,
ist Leben und ist Geist. ANGELUS SILESIUS

Man darf nicht mit dem Rücken
zum Brot stehen. BALTISCH

Gegessen Brot – vergessen Brot. DEUTSCH

Auf versprochenen Kuchen
muß man lange warten. BÖHMISCH

Wem man das Mehl gibt, der will auch noch Eier
und Butter haben. RUSSISCH

Immer Kuchen verdirbt den Appetit. FRANZÖSISCH

Gestohlenes Gebäck schmeckt lecker. DEUTSCH

Kurasch backt Küachln –
aber es g'hört aa a Schmalz dazu. BAYERISCH

Halbwisser und Kuchen, die sitzen geblieben sind,
lassen sich schwer verdauen. DEUTSCH

VON KÜCHEN UND KÖCHEN

Wenn die Küche nicht mehr raucht,
wird die Liebe kalt.

DEUTSCH

Kein Gericht schmeckt besser,
als was man auf eigenem Herde kocht. DEUTSCH

Die Küche ißt zuerst das Haus
und dann sich selber auf. RUSSISCH

Die Speise muß nicht nur gut schmecken,
sie soll auch gut aussehen. DEUTSCH

Fette Küche, magere Erbschaft. DEUTSCH

In einem hölzernen Topf
ist nicht gut Suppe kochen. RUSSISCH

Was er gekocht hat, muß er essen. ARABISCH

Einerlei Speise jeglichen Tag,
selbst nicht des Königs Beichtvater mag. DEUTSCH

Sauberkeit in Küch' und Keller,
etwas Gutes auf dem Teller. KÜCHENSPRUCH

Zum Kochen braucht man Geld und Ruh',
aber keinen Mann dazu. KÜCHENSPRUCH

Wer in fremden Töpfen rührt,
dem läuft die eigene Brühe davon. DÄNISCH

Besser, nur irdene Töpfe zu zeigen,
als Silbergeschirr, das nicht dein eigen. KÜCHENSPRUCH

Aus fremder Küche lassen sich leicht
große Schüsseln auftragen. LATEINISCH

Brennholz, Reis, Öl, Salz, Soja, Essig und Tee –
diese sieben machen eine Familie reich. CHINESISCH

Eine gute Frau ist zugleich Feuer,
Topf und Speise. ZIGEUNER-SPRICHWORT

Ich habe Tausende von Kochrezepten überprüft und bin der Überzeugung, daß in vielen Fällen Kochen eine Art fahrlässige Tötung ist. EDWARD CLAMP

Der Dunst aus eigenen Töpfen ist besser
als fremder Braten. DEUTSCH

Wenn Allah dir einen Kochlöffel beschert, brauchst du dir nicht die Hand zu verbrennen. ARABISCH

Wir Männer sind doch die Klügeren, denn im Haushalt
arbeiten wir erst mit, seitdem es
die modernen Küchengeräte gibt. PIERRE LACROIX

Köchin spare mit dem Feuer,
denn die Kohlen sind gar teuer. KÜCHENSPRUCH

Die kleine Küche macht das Haus groß. TOSKANISCH

Wer Küche und Keller voll hat,
den hält man für fromm. DEUTSCH

Die Entdeckung einer neuen Speise
ist für die Menschheit wertvoller als die Entdeckung
eines neuen Sterns. ANTHELME BRILLAT-SAVARIN

Wer sich in die Küche setzt, muß nicht klagen,
wenn ihn der Rauch beißt. DEUTSCH

Ein Stein läßt sich auch mit der größten Menge Holz nicht weich kochen. ARABISCH

Wenn das Feuer in der Küche ausgeht,
so lischt es auch im Herzen aus. DEUTSCH

Ein frohes Gesicht, das beste Gericht. KÜCHENSPRUCH

Der die Pfanne hält beim Stiel,
kehrt sie, wohin er will. NIEDERLÄNDISCH

Kein Feuer facht man
mit Furzen an. ZIGEUNER-SPRICHWORT

Schmeckt es gut in der Küche,
so schmeckt's desto übler im Abtritt. MARTIN LUTHER

Die Gastronomie beherrscht das ganze Leben; denn das Weinen des Neugeborenen gilt der Brust der Amme; und der Sterbende empfängt noch mit einem Rest von Befriedigung den letzten Trunk, den er nicht mehr verdauen soll. ANTHELME BRILLAT-SAVARIN

Ein zorniger Koch macht fetten Kohl. DÄNISCH

Kein Koch preist den andern hoch. RUTHENISCH

Wo Schmalhans Koch ist,
da fallen die Bissen klein aus. NIEDERLÄNDISCH

Stets sollte eine Frau heiter sein und flink in ihrem Haushalt, sie sollte ihre Gerätschaften immer ordentlich und sauber halten und in den Ausgaben nicht verschwenderisch sein. INDISCH

Drei Dinge sind fast umsonst zu teuer:
ein Schiff ohne Steuer, ein Koch ohne Feuer
und ein Bauer ohne Scheuer. DEUTSCH

Die Kunst, die jeder würdigt und ehrt, ist jene,
die man in Küchen lehrt. KÜCHENSPRUCH

Schöne Weiber kochen nit gern. DEUTSCH

Es ist noch keine Köchin verhungert
und kein Kellner verdurstet. BÖHMISCH

Durch schlechte Köchinnen, durch vollkommenen Mangel an Vernunft in der Küche, ist die Entwicklung der Menschheit am längsten aufgehalten, am schlimmsten beeinträchtigt worden. FRIEDRICH NIETZSCHE

Bei Klosterköchen wärmt man sich wohl. DEUTSCH

Wer mit einem Mandarin verkehrt, kommt zu Würden;
wer mit einem Koch verkehrt,
kommt zu Essen. CHINESISCH

Junge Frau, schlechter Koch. AFRIKANISCH

Man wird Koch. Zum Bratkünstler
ist man geboren. ANTHELME BRILLAT-SAVARIN

Ein glücklicher Mann hat ein amerikanisches Gehalt,
ein englisches Landhaus, eine japanische Frau
und einen chinesischen Koch.
Ein unglücklicher Mann hat eine amerikanische Frau,
einen englischen Koch, ein japanisches Landhaus
und ein chinesisches Gehalt. JERRY LEWIS

Glücklichsein erfordert ein gutes Bankkonto,
eine gute Köchin
und eine gute Verdauung. JEAN-JAQUES ROUSSEAU

Ein guter Koch am Herd ist soviel wert
wie ein guter Reiter zu Pferd. DEUTSCH

Wer gut essen will,
darf den Koch nicht beleidigen. CHINESISCH

Und viel Pastet und Leckerbrot
verdirbt nur Blut und Magen;
die Köche kochen nur aus Not,
sie kochen uns mit Wonne tot,
ihr Fresser, laßt's euch sagen. M. GEIBEL

Das ist ein schlimmer Koch, der erst den Löffel sucht,
wenn der Topf schon überläuft. NIEDERLÄNDISCH

Es sind nicht alle Köche,
die lange Messer tragen. DEUTSCH

Wenn ein Koch einen Fehler macht,
gießt er ein wenig Sauce darüber und sagt,
es wäre ein neues Gericht. PAUL BOCUSE

Der Koch tut den Schaden,
und die Katze kriegt die Schuld. NORWEGISCH

Die Köchin und den schönen Tag
muß man am Abend loben. DEUTSCH

Wenn der Koch sich mit dem Kellermeister zankt,
dann hört man, wo die Butter bleibt. DEUTSCH

VOM TAFELN UND VON GÄSTEN

Die am weitesten von der Schüssel sitzen,
essen am meisten.

DÄNISCH

Wer viel tafelt, macht kurzes Testament. DEUTSCH

Wer beim ersten Gericht zuviel tut,
muß das letzte stehen lassen. FRANZÖSISCH

Ein schlechtes Mahl macht Appetit
zu einem guten. ENGLISCH

Tafel und Teufel sind verwandt
wie Kies und Sand. DEUTSCH

Wo die Löffel schwarz sind,
ist die Tochter faul. DEUTSCH

Wenn der Löffel nicht wär', müßte man die Suppe
mit der Gabel essen. ÖSTERREICHISCH

An der Tafel kommt zuerste der Abt,
dann der Küchenmeister und dann ich, sagte der Narr;
der Herrgott ißt bei uns mit den Armen. KLOSTERSPIEGEL

Wenn's zum Feste geht,
hört ein lahmes Weib auf zu hinken. DEUTSCH

Borgen und Schmausen enden mit Grausen. DEUTSCH

Wes Weib ist jung und Wein ist alt,
bekommt der Gäste viel und bald. DEUTSCH

Schmeckt daheim der Schmaus,
bleibt der Mann zuhaus. KÜCHENSPRUCH

Lieber ein gutes Mahl
denn ein schöner Rock. FRANZÖSISCH

Nicht zu schnell essen; du könntest dich verschlucken; den nächsten Bissen erst in den Mund nehmen, wenn du mit dem vorherigen fertig bist. Sonst steht dir vor Anstrengung der Schweiß auf der Stirn zum Abscheu der Umsitzenden. Andererseits aber auch nicht sozusagen müßig bei Tisch sitzen, denn das erweckt den Eindruck, als ob du die Gastfreundschaft, mit der man dich bedenkt, nicht zu schätzen wüßtest. MELCHIOR GIOIA

Volle Tische machen leere Kästen. DEUTSCH

Wer keinen Löffel hat,
verbrennt sich die Finger. ARABISCH

Mit Pfanne und Kanne lockt man den Mann,
wohin man will. DEUTSCH

Ilse, liebes Kind, sei weise! Will auf deiner Leibensreise
dir einmal sein Herz entfliehn:
füttere ihn, füttere ihn! WERNER V. D. SCHULENBURG

Mit der Gabel ist's a Ehr,
mit em Löffel kriegt mr mehr. SCHWÄBISCH

Freunde wollen Wein und Fleisch,
ein Ehegatte braucht Holz und Reis. CHINESISCH

Wer sich nach der Mahlzeit gemütlich hinsetzt, bekommt einen Bauch; wer sich nach der Mahlzeit hinlegt, ruht wohlig aus; wer nach der Mahlzeit einen Spaziergang macht, findet neue Lebenskraft; wer aber nach der Mahlzeit eilt und hastet, wird sich den Tod holen. INDISCH

Gute Bankettierer, gute Bankrottierer. DEUTSCH

Der Schriftsteller und der Kellner bekommen beide zehn Prozent, obwohl der eine der Hersteller einer Ware ist, der andere aber nur der Hinsteller. THADDÄUS TROLL

Ein Kellner ist ein Mensch, der einen Frack anhat, ohne daß man es merkt. Hinwieder gibt es Menschen, die man für Kellner hält, sobald sie einen Frack anhaben. Der Frack hat also in keinem Fall einen Wert. KARL KRAUS

Ein gutes Frühstück ist besser als wenn einem auf nüchternen Magen drei Bauern guten Tag sagen. POMMERISCH

Nur dumme Menschen
haben beim Frühstück Geistesblitze. OSCAR WILDE

Wer reichlich frühstückt,
muß sparsam vespern. SCHLESISCH

Auf ein gut Frühstück und eine gute Frau
kann man nicht zu lange warten. DÄNISCH

Die Glocken, die zum Dinner läuten,
sind immer richtig gestimmt. AMERIKANISCH

Wer wartet, bis ihn jemand zum Essen bittet,
wird oft hungrig bleiben. ZIGEUNER-SPRICHWORT

Beim Essen ist Musik ein Prüfstein.
Denn ist das Essen gut,
so hört man die Musik nicht. CHRISTIAN DIETRICH GRABBE

Vom Tischdecken wird der Magen nicht satt,
aber er bekommt Hoffnung. DEUTSCH

Die Theke ist der Rangierbahnhof der menschlichen Seele, ein Bebra des Gemüts auf der Fahrt von des Tages Mühe in den Frieden der Nacht. PETER BAMM

Cocktailparty: Gesellschaft, bei der jeder redet
und keiner zuhört. NN

Rechten, spielen, prächtig bauen,
Bürge werden, viel vertrauen,
über seinen Stand sich zieren,
Gäste halten, bankettieren,
unnütz Ross', viel Hund' und Wind,
übrig großes Hausgesind,
gleichfalls löffeln, buhlen, naschen
macht leer Küche, Keller, Taschen. DEUTSCH

Ein Bankett ist eine Veranstaltung, bei der man ißt, was einem nicht schmeckt, bevor man zu Leuten, die einen nicht interessieren, über Dinge spricht, von denen man keine Ahnung hat. NN

Wer das Bankett gibt,
genießt am wenigsten davon. ITALIENISCH

Ein Tisch taugt besser zum Essen
als zum Schwätzen. CHINESISCH

Freude wird jedesmal dein Abendbrot sein, wenn du den Tag nützlich zugebracht hast. THOMAS VON KEMPEN

Es gibt nur ein Vergnügen, das sich täglich wiederholt und eine Stunde dauert: das Abendessen. TALLEYRAND

Kurzes Abendbrot macht lange Lebenszeit. DEUTSCH

Doch guter Menschen Hauptbestreben
ist, andern auch was abzugeben. WILHELM BUSCH

Lieber schätze einen Gast gering,
doch laß ihn nicht hungern. CHINESISCH

Sieben Gäste, ein Mahl – neun eine Qual. DEUTSCH

Der Frauen Herz, voll rätselhaften Zügen,
erprobt sich stets am Wohlgeschmack ihrer Speisen.
Wenn so ein gutes Weib kocht, brät und schürt
und in den Topf den Wunsch des Herzens rührt,
daß es den Gästen schmecke und gedeihe,
das gibt den Speisen
erst die rechte Weihe. NIKOLAUS LENAU

Dem Gaste, der den Wanst nur füllt und die Zähne spitzt,
gebührt's, daß er unter Eseln sitzt. POLNISCH

Wer zu spät zu Tische kommt,
erhält die Knochen. FRANZÖSISCH

Eine Freundschaft bei Glas und Tisch
ist weg wie ein Wisch. FRANZÖSISCH

Kommt ein Gast, dann bringe Wein
und schlachte einen Hammel. CHINESISCH

Den Gast schickt der Gott
oder der Teufel. ZIGEUNER-SPRICHWORT

Die Speise schmeckt nur,
wenn die Gastgeber mitessen. ARABISCH

Wie der Gast ist, so wird die Wurst gebraten. DÄNISCH

Am Tische soll man keines Haders gedenken. DEUTSCH

Einen Gast, den abends die untergehende Sonne bringt, darf ein Hausherr nicht abweisen; ob er gelegen oder ungelegen kommt, nicht soll er ohne Speise und Trank zur Nacht in seinem Hause wohnen bleiben. INDISCH

An einem Gaste und einem Weibe
hat man nach drei Tagen genug. DEUTSCH

Bei eines andern Fest
hat man immer guten Appetit. JÜDISCH

O wie können Rosen duften,
Saat und Frucht noch schwellen dicht,
saft'ge Reben lockend winken,
wo des Gastes Recht man bricht? ANASTASIUS GRÜN

Besuche machen immer Freude: wenn nicht beim Kommen, dann beim Gehen. PORTUGIESISCH

Es ist gut Feste feiern
in eines andern Haus. NIEDERLÄNDISCH

Was zwischen Essen und Trinken geredet wird,
daraus soll man keinen Krieg machen. DEUTSCH

Wer andern gibt die guten Bissen,
ist um den Dank beschissen. NIEDERLÄNDISCH

Einen Unpünktlichen zu lange erwarten, heißt alle pünktlichen Gäste verletzen. ANTHELME BRILLAT-SAVARIN

Freunde sind wie Melonen, man muß zehn davon probieren, bis man eine gute findet. ITALIENISCH

Ein seltener Gast fällt nie zur Last. DEUTSCH

Ein Wirt beschwert sich nicht
über den Appetit der Gäste. CHINESISCH

Der Gast ist der Esel
des Gastgebers. ZIGEUNER-SPRICHWORT

Wer es dazu kommen läßt, daß sich ein Gast
enttäuscht von seinem Hause abwendet,
dem gibt dieser im Weggehen seine bösen Taten
und nimmt ihm die guten mit davon. INDISCH

Nach einem guten Essen kann man alles verzeihen,
sogar den eigenen Verwandten. OSCAR WILDE

Viele Gäste machen Reste. DEUTSCH

Bewirte deine Gäste, behalte sie nicht. CHINESISCH

Der Gast wird nicht satt davon,
wenn der Wirt seine Frau umarmt. RUSSISCH

Es fällt leicht, Gäste zu bewirten, wenn man den Fisch aus dem Fluß holen kann. CHINESISCH

Ein Stück Schwarzbrot und ein Krug Wasser stillen den Hunger eines jeden Menschen; aber unsere Kultur hat die Gastronomie geschaffen. HONORÉ DE BALZAC

Es ist besser, mit einem Klugen Steine zu klopfen,
als mit einem Dummen zu speisen. ZIGEUNER-SPRICHWORT

So der Koch verhungert,
muß man ihn unter dem Herd begraben. DEUTSCH

Was Gott kocht, ist gut gekocht. HEINRICH HEINE

Gastronomie ist die vernunftmäßige Kenntnis alles dessen, was bei den Menschen Bezug hat auf ihre Nahrung. Sie ist es in Wahrheit, die die Bauern, die Winzer, die Fischer, die Jäger und die zahlreiche Schar der Köche in Betrieb setzt. ANTHELME BRILLAT-SAVARIN

Wer Gemüße ißt, wird stark,
wer Fleisch ißt, wird tapfer,
wer Reis ißt, wird weise,
wer Luft ißt, wird heilig. CHINESISCH

Restaurants sind Gelegenheiten, wo Wirte grüßen,
Gäste bestellen und Kellner essen. KARL KRAUS

Wenn Schmeichler zusammenkommen,
setzt sich der Teufel zum Mahle. SPANISCH

Wer heutzutage Zutritt zur besten Gesellschaft erlangen will, muß die Leute entweder speisen oder gut unterhalten oder vor den Kopf stoßen. OSCAR WILDE

Man kann nicht ein ganzes Festessen
auf einmal verschlingen, sondern sollte eins
nach dem andern erledigen. MAO TSE-TUNG

Überm Sitzen und Essen
kann ein Berg einstürzen. CHINESISCH

Eßt und trinkt, soviel Euch frommt,
und guckt dann zu, daß Ihr weiterkommt. SCHWÄBISCH

Je schlimmer das Weib, desto schöner die Kneip',
und je schöner die Kneip',
desto schlimmer für's Weib. RATSKELLER-INSCHRIFT

Inhalt